BRETT L. BOLTON

Die magische Welt der Pflanzen

PAUL ZSOLNAY VERLAG
WIEN · HAMBURG

Berechtigte Übersetzung von
Alexandra Auer und Elisabeth Stein

CIP-Kurztitelaufnahme der Deutschen Bibliothek
Bolton, Brett L.
Die magische Welt der Pflanzen. – Wien, Hamburg: Zsolnay, 1978.
  Einheitssacht.: The secret powers of plants (dt.)
  ISBN 3-552-03016-6

Zur Erinnerung an meine Großmutter Victoria Amerson, die „eine Hand für Pflanzen" hatte und mir von Kindheit an Liebe und Respekt für diese meist viel zu wenig beachteten Lebewesen beibrachte, „...denen der Mensch den größten Teil seiner Nahrung, seiner Kleidung und seiner Heilmittel verdankt".

Danksagung

Mein Dank gilt den Wissenschaftlern, die ich um ihre Mitarbeit gebeten habe, sowie allen anderen Personen im In- und Ausland, die so freundlich waren, mir die für dieses Buch notwendigen Informationen zu verschaffen. Ich danke besonders Alan Vaughan, einem der Herausgeber des *Psychic Magazine,* Clifford B. Hicks, dem Herausgeber von *Popular Mechanics,* Alice Murphree, Anthropologin an der Universität von Florida, Charles Seabrook, Reporter des *Atlanta Journal,* Charles Blaugh von der *Food and Drug Administration* in Atlanta sowie Farilla B. David, der Sekretärin von Dr. J. B. Rhine.

Ganz besonderen Dank aber schulde ich Rhea White, Leiterin der Informationsabteilung der *American Society for Psychical Research,* Reverend Franklin Loehr und den Bibliothekaren der Bibliothek von Atlanta für ihre unermüdliche Hilfe.

Anmerkung

Für die Wirksamkeit der in diesem Buch angeführten Pflanzenrezepte kann ich mich in keiner Weise verbürgen und muß dem Leser daher empfehlen, sich vor der Anwendung eines Pflanzenpräparates zu Heilzwecken unbedingt an einen Arzt zu wenden.

Vorwort

In den letzten Jahrzehnten begannen Wissenschaftler in aller Welt die schweigende Majestät des Pflanzenreiches plötzlich mit anderen Augen zu sehen. Endlich realisiert der zivilisierte Mensch, daß Pflanzen empfindungsfähige Organismen sind, die viel stärker auf ihre Umwelt reagieren, als man bisher angenommen hatte. Es gibt heute Beweise für die Möglichkeiten einer Kommunikation zwischen Pflanze, Mensch und allen anderen Formen des Lebens. Wie aber funktioniert diese Kommunikation? Eine Pflanze kann ja nicht denken. Sie kann es eben doch! Ihre Denkweise unterscheidet sich zwar sehr wesentlich vom bewußten Denken des Menschen, aber sie besitzt eine Art zellulares Bewußtsein, das sie befähigt, mit allen anderen Lebensformen in Kontakt zu treten.

Die Pflanzenverehrer der Vorzeit waren weiser als wir, denn diese sogenannten Primitiven glaubten an die Beseeltheit alles Lebendigen, und die moderne Forschung scheint ihnen recht zu geben. In den ältesten Lehren der Menschheit finden wir bestätigt, was wir heute erst zögernd wieder zu lernen beginnen: Die Natur ist ein unteilbares Ganzes, und jedes einzelne Glied des großen Schöpfungsplanes ist mit allen anderen Gliedern untrennbar verbunden. Daß Pflanzen außersinnlicher Wahrnehmung (ESP) fähig sind, stellte der

Schweizer Dr. Louis Jallabert bereits 1748 fest. Und die Worte, die der berühmte Pflanzenzüchter Luther Burbank Anfang dieses Jahrhunderts aussprach, werden nun vielleicht endlich ernst genommen: „... Eine bestimmte Person pflanzt eine Blume, pflegt sie sorgfältig, und dennoch geht die Pflanze ein. Unter völlig identischen äußeren Pflegebedingungen aber kann sich dieselbe Blume bei einer anderen Person zu einer gesunden, kraftstrotzenden Pflanze entwickeln. Das Geheimnis heißt ... Liebe!" Wie aber kann eine Pflanze auf Liebe reagieren, wenn sie nicht denkt und fühlt?

Das heutige Interesse an der wissenschaftlichen Erforschung des Pflanzenlebens ist zum Teil sicher den Großmüttern in aller Welt zu verdanken, welche die „Pflanzen-muß-man-lieben"-Philosophie bis in unsere Tage herübergerettet haben. Ihre Enkel sind es, die diese alte Überlieferung jetzt wieder ausgraben und ins Laboratorium verpflanzen.

I

Kennen Pflanzen Gefühle?

„Liebe, Haß, Freude, Angst, Lust, Schmerz, Erregung, Schrecken – diese und zahllose andere Reaktionen auf bestimmte Reize sind im Reich der Pflanzen ebenso allgemein verbreitet wie im Reich der Tiere." Das sagte Sir Jagadis Chandra Bose, der erste Inder, der eine führende Rolle in der modernen Wissenschaft spielte und international höchste Anerkennung fand für seine Beiträge auf den Gebieten Physik, Physiologie und Psychologie.

Nach den Angaben von Patrick Geddes, einem in Indien lehrenden Botaniker und Autor der Biographie *The Life and Work of Sir Jagadis C. Bose* (London 1920), demonstrierte Bose bereits im Jahr 1904 vor der Royal Society in England, daß die Pflanzenwelt keine seelenlose grüne Masse ist, sondern daß auch Pflanzen mit einem reichen Empfindungsvermögen ausgestattet sind. Mit seinen Erfindungen – Apparate, wie zum Beispiel der Crescograph, der Nervenimpulse registriert und aufzeichnet – konnte er beweisen, daß jeder Teil der Pflanze auf mechanische Reize reagiert, und daß dabei dieselben physiologischen Veränderungen auftreten wie in tierischen Geweben. So beobachtete er zum Beispiel Erschöpfungszustände und Depressionen bei Gemüsen wie Rettich, Sellerie und Blumenkohl.

Mit Hilfe seines Resonanzrecorders, der die Übertragungsgeschwindigkeit der Reizimpulse maß, und des Oszillationsrecorders, der die Pulsationen der Pflanze aufzeichnete, führte er am Beispiel der Telegrafenpflanze (auch Wandelklee genannt) deren verblüffende Ähnlichkeit mit dem Schlag des Tierherzens vor.

Eine Anzahl von Versuchen widmete er den Auswirkungen von Verletzungen der Pflanzen. Aus den automatischen Aufzeichnungen des Crescographen, der einen Impuls um das Zehnmillionfache verstärken kann, entnahm er, daß ein Nadelstich die normale Wachstumsrate der Pflanze manchmal auf ein Viertel reduziert, und daß die Pflanze dann etwa zwei Stunden braucht, um sich wieder zu erholen. Ein Messerschnitt führte zu viel länger anhaltenden Wachstumsstörungen.

Bose zeigte auch, daß ein relativ schwacher elektrischer Reiz eine positive, das heißt stimulierende Wirkung auf das Blattkissen (das in etwa dem Kontraktionsmuskel des Tieres entspricht) der Mimose ausübte, während ein starker elektrischer Reiz die entgegengesetzte Wirkung hervorrief: das Blatt fiel ab. Nach den positiven oder negativen Reaktionen konnte er die Empfindungen der Pflanze also in angenehme oder *lustvolle* und unangenehme oder *schmerzhafte* einteilen.

Viele Wissenschaftler und Schriftsteller besuchten Bose in England, in seinem Privatlaboratorium in Maida Vale, um dort mit eigenen Augen zu sehen, was sie nicht für möglich gehalten hatten. Die meisten dieser Augenzeugen gerieten danach in schreckliche Gewissenskonflikte: ihr Verstand sträubte sich zu glauben, daß Grünzeug Gefühle haben könne. Unter den Schriftstellern befand sich auch der Vegetarier Bernard Shaw. Voll Entsetzen sah er auf dem Bildschirm in vielhundertfacher Vergrößerung mit an, wie ein Kohlblatt im kochenden Wasser unter heftigen Krämpfen und Zuckungen starb.

In der Vergrößerung durch den Crescographen wurden sogar die so gut wie unmerklichen Lebensäußerungen einer Karotte für das menschliche Auge deutlich sichtbar. Wenn die Karotte mit einer Pinzette gekniffen wurde, konnte man am Bildschirm genau sehen, wie sie vor Schmerz zusammenzuckte. Als man einer Telegrafenpflanze ein Blatt abschnitt und dieses in Wasser legte, hörte die Pulsation des Blättchens zunächst, wie unter Schockwirkung, vollständig auf, setzte dann allmählich nochmals ein und kam nach vierundzwanzig Stunden endgültig zum tödlichen Stillstand. Eine Mimose fiel mehrere Stunden lang in totale Empfindungslosigkeit, nachdem man ihr ein Blatt abgeschnitten hatte. Die Pflanze erholte sich mit der Zeit, das Blatt aber pulsierte immer schwächer, und in dem Augenblick, in dem der Apparat kein Signal mehr verzeichnete, fiel es schlaff in sich zusammen.

In dem Buch *Autobiography of a Yogi* erzählt Paramahansa Yogananda, er habe einmal zugeschaut, wie Bose mit einem spitzen Instrument ein Farnkraut durchbohrte.

Auf dem ins Riesenhafte vergrößerten Schattenbild auf der Leinwand sah er, wie es im Augenblick der Verletzung krampfhaft zusammenzuckte und danach unter heftigem Zittern starb, als Bose den Stengel mit einer Rasierklinge teilweise durchschnitt. Die Todeszuckungen der Pflanze glichen in jeder Hinsicht denjenigen eines Tieres.

Drogen haben auf Pflanzen ganz ähnliche Wirkungen wie auf Tiere. Die Ergebnisse umfangreicher Studien zu diesem Thema wurden zum Wohl von Mensch und Tier zu einem erschöpfenden Katalog nützlicher Heilpflanzen zusammengefaßt.

Die Apparate, die Bose speziell für seine Forschungsarbeit entwickelte, haben es dem Menschen endlich möglich gemacht, Leben und Fühlen der Pflanze zu beobachten und zu messen. Sein Resonanz-Kardiograph erfaßt auf eine Hundertstelsekunde auch den kleinsten Impuls von Mensch, Tier und Pflanze. Boses Hoffnung bei der Entwicklung dieses Gerätes war es, die Vivisektion an Tieren durch Pflanzenvivisektion ersetzen zu können.

Bose stellte alle seine Erfindungen und Methoden frei zur Verfügung. Nie hat er eines seiner Laboratoriumsinstrumente patentieren lassen, er hatte kein Interesse an persönlicher Bereicherung, sondern suchte die Wahrheit um ihrer selbst willen. Zu Paramahansa Yogananda sagte er einmal: „Wir sind es dem Geist unserer nationalen Kultur schuldig, Wissen niemals als Mittel zum Erwerb von persönlichem Gewinn zu mißbrauchen und dadurch zu entweihen..." Sein Wunsch war es auch, daß das Bose-Institut in Kalkutta Wissenschaftlern aus allen Ländern der Erde jederzeit offenstehen solle; damit setzte er die jahrhundertealte Tradition der Gastfreundschaft der indischen Hohen Schulen fort.

Sir Jagadis C. Bose wurde 1917 für seine Verdienste um die Wissenschaft in England geadelt und von seinen

Landsleuten als eine Art moderner Rishi (erleuchteter Weiser) verehrt. Er starb 1937. Nach seinem Tod gerieten seine umfangreichen Aufzeichnungen, die so heißumstrittene Forderungen enthielten, nach und nach in Vergessenheit.

Bose hatte daran geglaubt, daß alles am Menschen schon in der Pflanze vorgezeichnet sei. Fast dreißig Jahre nach seinem Tod fand er einen Nachfolger, der, ohne je von ihm gehört zu haben, dieselben Ziele verfolgte wie er. Cleve Backster, ein ehemaliger Verhörspezialist der CIA, der damals als Fachmann für Polygraphen in New York City arbeitete, hatte durch reinen Zufall begonnen, sich mit dem „Pflanzenpotential" zu befassen. Erst als er bereits eine Reihe von Experimenten abgeschlossen hatte, erfuhr er von Boses Entdeckungen, die sich in vielem mit seinen eigenen deckten.

Auch Backsters Versuchsergebnisse weisen darauf hin, daß Pflanzen Gefühle haben und außerdem über eine Art System für telepathische Kommunikation mit anderen Lebewesen verfügen. Seine zahlreichen Experimente bewiesen, daß die Pflanze ein überaus empfindsames Geschöpf ist, ja daß jeder *Teil* der Pflanze eine verblüffende Reaktionsfähigkeit zeigt, obwohl sie angeblich kein Nervensystem besitzt.

Mit Hilfe eines speziell für diesen Zweck umgebauten Polygraphen fand er heraus, daß Pflanzen Besorgnis, Angst, Vergnügen und Erleichterung erkennen lassen. Sie reagieren auf offenbare Bedrohungen ihres eigenen Wohlbefindens, zeigen aber auch eindeutig Reaktionen des Mitgefühls für andere Lebewesen einschließlich Menschen. Wenn die Pflanze einen Menschen einmal kennt, so wird sie auf alles reagieren, was ihm in dem Augenblick widerfährt, gleichgültig in welcher Entfernung von ihr er sich gerade befindet.

Backster ist nun davon überzeugt, daß Pflanzen, Tiere und Menschen miteinander auf einer viel allgemeineren als der bisher bekannten telepathischen Ebene in Kommunikation treten können. So zum Beispiel sandten Zellen, die er im Laufe eines „Bedrohungs-Experimentes" verletzte, SOS-Signale aus, die von anderen Pflanzen sofort aufgegriffen wurden – eine spontane Kommunikation, die weder durch einen Faradayschen Käfig (der undurchlässig ist für elektrische Impulse) noch durch Strahlenschutzplatten aus Blei verhindert werden konnte.

Der Vorfall, der Backsters Leben eine neue Richtung geben sollte, ereignete sich am Morgen des 2. Februar 1966 in seinem Büro, wo er Polizisten im Gebrauch des Polygraphen schulte. Während er in der Lunchpause den Philodendron seiner Sekretärin goß, kam ihm die Idee, auszuprobieren, ob man nicht vielleicht die Geschwindigkeit, mit der das Wasser von den Wurzeln bis in die Blätter steigt, messen könnte. Er überlegte, daß es möglich sein müsse, mit Hilfe des Polygraphen einen psychogalvanischen Reflex (PGR) aufzufangen. PGR-Untersuchungen waren Backsters Spezialgebiet. Er hatte sogar eine eigene Methode entwickelt, die seinen Namen trägt und an der US Army Polygraph School als Standardtechnik gelehrt wird, da sie die Anzahl ergebnisloser Versuche auf ein Minimum reduziert. Mit einem Gummiband befestigte er also zwei PGR-Elektroden an einem Blatt der Pflanze. Die Pflanze war nun in den Stromkreis des Gerätes eingeschlossen, und die Reaktionen, denen seine Neugierde galt, würden sich auf dem Meßgerät ablesen lassen, da ein Schreiber die elektrische Aktivität der Pflanze in Linien auf das Papier übertrug. Backster erwartete, daß beim Aufsteigen des Wassers die elektrische Spannung nachlassen und die Kurve daher ansteigen würde, doch das Gegenteil trat ein. Erstaunt studierte er die Aufzeichnung und stellte fest, daß sie verblüffende Ähnlichkeiten mit jener eines Menchen im Zustand starker Erregung aufwies. Wie konnte ein Philodendron emotionelle Reaktionen zeigen?

Die Frage ließ ihn nicht mehr ruhen, und er beschloß herauszufinden, wie es möglich war, daß eine Pflanze ein PGR-Muster erzeugte, das er aufgrund langjähriger Erfahrung als das eines Menschen in psychischer Erregung identifiziert hätte. Als erstes versuchte er das Prinzip der „Bedrohung des Wohlbefindens" anzuwenden und tauchte das Blatt in heißen Kaffee – doch nichts geschah. Die Methode schien nicht drastisch genug zu sein, also beschloß er, das Blatt mit einem Streichholz zu versengen. Im selben Augenblick, in dem er daran *dachte,* ein Streichholz anzustecken, zeichnete sich eine dramatische Veränderung im PGR-Muster ab. Er war noch gar nicht in die Nähe der Pflanze gekommen, und doch hatte der Schreiber schon so wild ausgeschlagen, daß er beinahe über den Rand des Papierstreifens hinausgeriet.

Als nächstes Experiment zur Unterstützung seiner Bedrohungs-Theorie erhitzte Backster auf einer Kochplatte in einem Raum am anderen Ende des Institutes einen Topf Wasser und warf einige kleine Meereskrebse hinein. In genau diesem Moment zeigte die Pflanze Zeichen höchster Erregung.

Verblüfft über seine Entdeckungen, deren unwissenschaftliche Beweisführung er sich sehr wohl eingestand, begann er sich die Frage zu stellen, ob Zellen Notsignale an andere lebende Zellen übermitteln. Wenn er die Wahrheit darüber erfahren wollte, so mußte er in Zukunft seine Experimente vollständig automatisieren und die Möglichkeit menschlicher Fehlleistungen ausschließen, um unverfälschte, klare Ergebnisse zu erhalten.

Er beschloß also, eine komplexe, automatisch funktionierende Apparatur herzustellen, die in nicht vorherbestimmten, zufälligen Zeitabständen die Meereskrebse in das kochende Wasser warf. Gleichzeitig zeichnete ein angeschlossenes Gerät das Timing genau auf. Wenn der Apparat zu laufen begann, durfte sich kein Mensch mehr im Raum aufhalten, die Maschine mußte also außerdem durch einen automatischen Auslösemechanismus eingeschaltet werden. Schließlich ließ Backster noch die gesamte Versuchseinrichtung von angesehenen Wissenschaftlern kontrollieren, die ihm bestätigten, daß die Versuchsergebnisse nun nicht mehr verfälscht werden konnten.

Als endlich alle Vorbereitungen getroffen waren, stellte er in drei verschiedenen Räumen, weit weg von der automatischen Krebs-Guillotine, drei an Elektroden angeschlossene Pflanzen auf.

Am nächsten Tag stellte er fest, daß die Aufzeichnungen des Polygraphen mit denen der Krebs-Guillotine genau übereinstimmten!

Das Experiment wurde unter denselben ausgeklügelten Sicherheitsvorkehrungen nachher noch viele Male wiederholt, und die Ergebnisse waren jedesmal gleich. Fünf bis sieben Sekunden, nachdem die Krebse in das kochende Wasser eingetaucht worden waren, registrierte der Polygraph ein extremes Ansteigen der Pflanzenaktivität, das nach Backsters Ansicht nur durch den Tod der Meereskrebe ausgelöst worden war. Nach sieben Versuchsreihen erreichten seine statistischen Ergebnisse bereits das Fünffache der Zufallswahrscheinlichkeit.

Ein Jahr, bevor der Zufall ihn zum Pflanzenforscher werden ließ, hatte Backster die Backster Research Foundation zur Förderung seiner Versuche mit dem Polygraphen gegründet, doch seitdem er Zeuge des erstaunlichen Phänomens der Wahrnehmungsfähigkeit lebender Zellen geworden war, konzentrierte er sich auf die Erforschung eines anzunehmenden, aber noch nicht definierbaren sensorischen Systems, das diesen Phänomen zugrunde lag.

Schon im Lauf der ersten Versuche machte er die Entdeckung, daß auch in einem Faradayschen Käfig oder einem durch Bleiplatten abgeschirmten Behälter die Kommunikation nach draußen, zu anderen lebenden Zellen, ungestört funktionierte. Die Weitergabe des Notsignals konnte nicht blockiert werden. Welcher Art die unbekannte Kraft auch sein mochte, sie gehörte jedenfalls nicht zu unserem elektrodynamischen Spektrum, sondern schien eine Lebensäußerung zu sein, die vielleicht allem Leben eigen ist und vielleicht die gesamte Schöpfung verbindet.

Mit der Unterstützung einer privaten Stiftung führte er seine Suche nach dem Unbekannten unbeirrbar weiter fort und wiederholte die Experimente mit der Krebs-

Guillotine, deren Ergebnisse er später auch veröffentlichte.

Aber auch alle anderen Lebensformen, mit denen Backster experimentierte, schienen auf der neu entdeckten Kommunikationsebene miteinander in Verbindung treten zu können. Zufälle machten ihn auf Bereiche aufmerksam, von denen man bisher nichts geahnt hatte. So beobachtete er beispielsweise, daß jedesmal, wenn sich sein Dobermannpinscher den Versuchspflanzen näherte, diese eine Reaktion zeigten, die man, in die Sprache der Menschen übersetzt, als Beunruhigung interpretieren konnte.

Nun fragte er sich, ob die Pflanzen auch Gefühlsregungen des Dobermanns über räumliche Entfernungen hinweg registrieren würden. Er bastelte einen elektrischen Zeitauslöser und verband ihn mit einer Alarmglocke, die er über dem Hundekorb befestigte. Dem Hund war das schrille Geklingel zuwider. Ungefähr fünf Sekunden vor dem Erklingen des gefürchteten Alarmtones wurde der Hund durch ein leises, aber vernehmliches Klicken in der Leitung vorgewarnt und konnte noch rechtzeitig die Flucht ergreifen. Sofort registrierten die Pflanzen, die in einem anderen Zimmer des Hauses standen, die angstvolle Erregung des Hundes, und der Schreiber des Polygraphs schlug stark aus, in demselben Augenblick, in dem das Klicken in der Leitung ertönt war.

Auch weite Entfernungen erwiesen sich nicht als Kommunikationshindernis. Als ein Freund verreiste und eine Pflanze zu Backster in Pflege gab, schloß dieser sie an den Polygraphen an und konnte feststellen, daß sie die ängstliche Spannung, die ihr Besitzer empfand, als sein Flugzeug in Cincinnati landete, „mitfühlte".

Offensichtlich sind Pflanzen also imstande, so etwas wie ein persönliches Verhältnis zu ihren Besitzern oder den Menschen in ihrer Umgebung herzustellen. Backster begann, mit einer Stoppuhr ausgerüstet, seine Aktivitäten außerhalb des Laboratoriums und deren Dauer zu notieren, und unweigerlich fand er jedesmal bei seiner Rückkehr, daß der Polygraph jede Aufregung, die er unterwegs verspürt hatte, registriert hatte – seinen Ärger über einen Zeitungsverkäufer ebenso wie seine Angst vor einem Auto, das ihn beinahe überfahren hätte. Die stärkste emotionale Reaktion aber hatten die Pflanzen in den Augenblicken gezeigt, in denen er – und sei es noch so weit entfernt von ihnen – daran gedacht hatte, in sein Laboratorium zurückzukehren.

In den folgenden Jahren geriet sein ursprünglicher Agnostizismus immer mehr ins Wanken, je tiefer sein Einblick in die geisteswissenschaftlichen Folgerungen seiner Beobachtungen wurde. Unzweifelhaft schienen seine Pflanzen so etwas wie Liebe zu ihm zu empfinden, und ebenso deutlich zeigten sie Angst vor Fremden oder Menschen, die sie bedrohten. In der Folge teilte er, immer wenn es für die Durchführung eines Experimentes notwendig war, seinem Mitarbeiter Bob Henson die Rolle des Bösewichtes zu, weil die Pflanzen jedesmal Zeichen größter Angst zeigten, wenn dieser daran dachte, ihnen ein Leid anzutun. Es scheint, als verspürten Pflanzen eine stärkere Affinität zu Menschen als zu anderen Lebewesen und reagierten daher besonders heftig auf das Absterben menschlicher Körperzellen. Einer der berühmtesten und am häufigsten vorgeführten Versuche Backsters, der nie seine Wirkung verfehlte, war das „Fingerschnitt-Experiment".

Kürzlich nahm Dr. Robert Miller, ehemaliger Professor für Chemie am Georgia Institute of Technology in Atlanta, an einer Reihe von Vorführungen teil, die Backster in Atlanta veranstaltete. (Abb. 1) Er berichtet darüber: „Einer der Zuschauer brachte seine eigene Pflanze als ‚Versuchskaninchen' mit. Cleve schloß sie an seinem Polygraphen an, indem er zwei Elektroden aus rostfreiem Stahl an einem ihrer breiten Blätter befestigte, und tatsächlich begann der Schreiber steile Kurven aufzuzeichnen, die dann plötzlich flach absanken, ein Muster, das Cleve als typische ‚Menschenlinien' bezeichnet. Als diese Linien sich eingependelt hatten – was ein Zeichen dafür ist, daß die Pflanze sich wohl fühlt –, begann man eine Reihe von Versuchen anzustellen. Als erstes bat Cleve den Besitzer der Pflanze um die Erlaubnis, ihm mit einer Rasierklinge einen leichten Schnitt zufügen zu dürfen. Als Backster sich dem Mann näherte (die Pflanze stand in einer Entfernung von etwa zwei Metern), registrierte sie schon die ersten Anzeichen von Besorgnis. Auf den Schnitt selbst reagierte sie relativ schwach, doch begann der Polygraph wild auszuschlagen, als Jod auf die Wunde geträufelt wurde. Cleves Erklärung dafür war, daß die Jodtinktur lebende Zellen zerstört und die Pflanze auf deren Absterben heftig reagiert."

Das „Krebs-Guillotine-Experiment" verfehlte seine Wirkung, wenn es mit denselben Pflanzen zu oft wiederholt wurde; nach einiger Zeit mußten dabei andere eingesetzt werden. Auch bei anderen Versuchen, vor allem bei jenen mit nicht verwirklichten Drohungen, zeigten sich nach einiger Zeit diese Ermüdungserscheinungen. Das Mitgefühl mit menschlichem Leben jedoch verringerte sich nie. Wie oft dasselbe Experiment mit derselben Pflanze auch durchgeführt wurde, die Reaktion blieb immer gleich heftig.

Als Backster zum erstenmal auf dieses Phänomen stieß, fragte er sich, ob die Pflanzen auf den Tod ihres Eigentümers reagieren würden. Damit ergaben sich eventuell neue Wege bei der Aufklärung von Verbrechen. Angenommen, ein Mensch wird in seiner Wohnung ermordet – würde die Pflanze den Mörder wiedererkennen und identifizieren können? Natürlich war Backster sich im klaren darüber, daß kein Gerichtshof der Welt bereit wäre, diese Methoden der Beweisführung anzuerkennen und einen Verdächtigen aufgrund der Aussage eines grünen Blattes zu verurteilen – aber dennoch kam er von dem Gedanken nicht los, daß es zumindest *möglich* wäre. Er hatte nämlich inzwischen herausgefunden, daß Pflanzen jedenfalls den Mörder ihresgleichen, das heißt einer anderen Pflanze, zu identifizieren vermögen.

Ein Kriminalroman könnte nicht spannender sein, als dieses Experiment es war: Backster stellte zwei Pflanzen in ein Zimmer. Dann wurden sechs Freiwilligen die Augen verbunden, und jeder von ihnen mußte aus einem Hut einen zusammengefalteten Zettel ziehen; fünf davon waren leer, auf einem aber stand „Mörder". Die Freiwilligen wurden nun nacheinander in den Raum, in dem die zwei Pflanzen standen, eingelassen, mußten dort die Augenbinde abnehmen und ihren Zettel entfalten.

Der „Mörder" hatte eine der Pflanzen samt ihren Wurzeln auszureißen, die übrigen fünf verließen den Raum, ohne die Pflanze berührt zu haben.

Während dieser Zeit hielt sich Backster, der selbst nicht wußte, welcher der sechs Leute der „Mörder" war, in einem anderen Teil des Gebäudes auf. Erst als alle durch das Pflanzenzimmer durchgegangen waren, wurde er geholt, und er befestigte den Polygraphen an der unbeschädigten Pflanze. Nun wurde eine Versuchsperson nach der anderen der Pflanze vorgeführt. Als der „Mörder" eintrat, schlug die Nadel des Polygraphen wild aus! Registrierte die Pflanze die Schuldgefühle des Mannes oder hatte sie den Mörder in ihm erkannt? Backster erwog alle möglichen Erklärungen. Wie hatte sich die „ermordete" Pflanze verhalten? Hatte sie die Mordabsichten vorausgeahnt?

Um das herauszufinden, befestigte Backster die drei Elektroden an drei Grünpflanzen und bat einen Mitarbeiter, eine davon in kochendes Wasser zu werfen. Die dafür ausersehene Pflanze schien *ohnmächtig* zu werden, bevor sie auch nur berührt worden war. Der Polygraph registrierte die Mord*absicht* des Mannes: die Kurve stieg plötzlich an, dann folgte eine ganz gerade Linie, die nur auf Bewußtlosigkeit hindeuten konnte.

Überdies stellte Backster fest, daß Pflanzen aus mehreren, unterschiedlichen Signalen eine Auswahl treffen können. Eines Tages entdeckte er zu seinem Erstaunen, daß eine Pflanze, an die er Elektroden angeschlossen hatte, im Rhythmus des Herzschlages einer der in dem Zimmer anwesenden Personen zu vibrieren begann. Aus welchem Grund sie sich dazu entschlossen hatte, gerade

diesen Rhythmus als Signal anzuerkennen und darin einzustimmen, konnte niemals eruiert werden.

Backster hat fünfundzwanzig bis dreißig verschiedene
Arten von Pflanzen untersucht und festgestellt, daß alle
dieselben Wahrnehmungsfähigkeiten besitzen. Seine
eigenen Schlußfolgerungen versuchte er so zu formulie-
ren: „Es existiert offenbar ein wissenschaftlich zwielichti-
ger Zwischenbereich, in dem etwas spontan von einem
Punkt zum anderen gelangen kann, ohne daß räumliche
oder zeitliche Entfernung eine Rolle spielt."

Ist nun der Mensch, der Obst und Gemüse ißt, ein
Mörder, sobald man anerkennt, daß auch Pflanzen empfinden und fühlen? Ist Rasenmähen und Heckenschnei-
den dann noch vertretbar? Die Ergebnisse, zu denen
Backster bei der experimentellen Untersuchung dieser
Fragen gelangte, sind jedenfalls bemerkenswert. Wenn
ein Rasen gemäht oder eine Tomate verspeist wurde,
zeigten die Pflanzen keinerlei Anzeichen von Beunruhigung oder Angst. Backster ist der Ansicht, Rasen und
Hecken wüßten, daß sie zu ihrem eigenen Besten von
ihren Besitzern geschnitten werden, und daher offensichtlich bereit sind, dafür einige Blätter oder Halme zu
opfern. Gemüse scheint sich ebenfalls seiner Bestim-
mung bewußt zu sein und es sogar zu genießen, Teil
eines anderen Lebewesen zu werden und dadurch einer
höheren Entwicklung zu dienen. „Von einem bestimmten Standpunkt aus kann man den Tod als das Beste
betrachten, was uns geschehen kann. Pflanzen scheinen
dieser Auffassung näher zu stehen als Menschen."

Cleve Backster besteht selbst eindringlich darauf, seine
Beobachtungen nur als das anzusehen, was sie sind, näm-

lich als bloße Beobachtungen. Das einzige, was er veröffentlichte, war das Krebs-Experiment. Er behauptet nicht, daß seine Untersuchungen schon endgültige Beweise erbracht haben, aber er hat sich durch die Kritik einiger Wissenschaftler von ihrer Weiterführung nicht abhalten lassen. Traditionellen Wissenschaftlern fällt es immer noch schwer, an Backsters Hypothese von der „primären Wahrnehmung" zu glauben, einer Fähigkeit, die dieser Theorie zufolge allen Spielarten des Lebens, bis hinab zum Einzeller, eigen sein soll. Diese primäre Wahrnehmung ist nach Backsters Ansicht ein bisher noch nicht genau definiertes sensorisches System, das im Rahmen unserer Kenntnis über die physikalischen Gesetze noch unerklärlich ist. Sehr vorsichtig hat Backster auch anklingen lassen, daß diese Fähigkeit weit über den Zellenbereich hinaus, möglicherweise sogar in bisher als anorganisch betrachtete Materie, wie zum Beispiel Mineralien, Metallen oder dreifach destilliertem Wasser, zu finden sein könnte.

Der Skeptizismus, der Backsters Arbeiten entgegengebracht wird, beruht wahrscheinlich zu einem guten Teil auf dem unglückseligen Umstand, daß er selbst nie die akademischen Weihen empfing. Dennoch sind bisher siebentausend Anfragen mit der Bitte um weitere Informationen bei ihm eingegangen, und mehr als zwanzig Universitäten und Forschungszentren versuchen zur Zeit, seine Experimente nachzuvollziehen, in der Hoffnung, sie bestätigen zu können.

Einer der Förderer von Backsters Werk ist der aus Holland stammende Mediziner Dr. Aristide Esser, Mitglied des Forschungszentrums des Rockland State Hospital in Orangeburg, New York. Im Jahr 1968 kopierte er einen der frühen Backster-Tests und überzeugte sich selbst davon, daß Pflanzen auf Emotionen reagieren. In der Zeitschrift *Psychic* („Plants, Polygraphs and Paraphysics" war der Titel des Artikels von John W. White, erschienen November–Dezember 1972) sagte er in einem Interview: „Ich kann diese Beobachtung Backsters eindeutig bestätigen." Gefragt, ob er eine andere Erklärung des Phänomens für möglich halte, antwortete er mit Nachdruck: „Nein." Es sei ihm leider nicht möglich gewesen, die Experimente weiterzuführen, aber er hoffe, daß ein anderer bald dort anknüpfen werde, wo er aufgehört habe. „Es geht hier um etwas sehr Wichtiges", sagte er.

2

Reagieren Pflanzen auf Gebete?

Am 4. Januar 1959 erschienen in der britischen Sonntagszeitung *The People,* die mit fünf Millionen Lesern eine der größten Zeitungen der Welt ist, auf der Titelseite folgende Schlagzeilen: „Es soll niemand mehr die Propheten verspotten. Wir leben im Zeitalter des Übermenschen. Erinnern wir uns immer an das Wunder des heutigen Tages..."

Das Wunder, auf das *The People* sich bezog, war das russische Raumschiff Lunik I, der erste künstliche Planet, den der Mensch in eine Umlaufbahn um die Sonne geschickt hatte. Der zweite Teil des Artikels war jenen wissenschaftlichen Entdeckungen gewidmet, die die Zeitung für ebenso umstürzend hielt wie die Eroberung des Weltraums durch die Sowjets. Unter anderem wurde von Wissenschaftlern berichtet, die bewiesen hatten, daß Pflanzensamen, für die gebetet worden war, schneller wuchsen als andere. Zur Illustration waren dem Artikel Fotografien von Topfpflanzen beigegeben. Die Religious Research Foundation of America (RRF) unter der Leitung von Reverend Franklin Loehr hatte eindeutig bewiesen, daß Pflanzen auf Gebete reagieren. Die Untersuchungsergebnisse waren im selben Jahr beim Verlag Doubleday unter dem Titel *The Power of Prayer on Plants*

(Die Macht des Gebetes über Pflanzen) erschienen, und das Buch war sofort ein Bestseller geworden. Diese Experimente könnten, meinte die Zeitung, ebenso ungeahnte Folgen nach sich ziehen wie der Bau einer Mondrakete und würden vielleicht das Bild, das die Menschheit sich bisher vom Universum gemacht hatte, total umstürzen, denn hier sei erstmals einer der zentralen Glaubensinhalte aller Religionen in die wissenschaftliche Diskussion einbezogen worden.

Begonnen hatte es im Jahr 1952, als Reverend Loehr, der damals noch in Los Angeles wohnte, von einem Experiment über die Wirkung des Gebetes auf Pflanzen hörte, das der Mann leitete, der die Parapsychologie in Amerika wissenschaftlich salonfähig gemacht hatte, nämlich Dr. J. B. Rhine. Diese Nachricht entfachte das Interesse des Geistlichen, der seit langem davon geträumt hatte, der Religion Eingang in die Laboratorien zu verschaffen. Können Gedanken in Form von Gebeten übertragen werden? Können diese Gebete meßbare Wirkungen auf die Materie hervorrufen? Das waren die zentralen Fragen, auf die er sich Antwort von den Forschern der Duke University erhoffte.

Zweieinhalb Jahre lang hatte Reverend Loehr eine Gebetsgemeinschaft der First Congretional Church geleitet. Er besaß ein beständig anwachsendes Aktenbündel über Fälle, in denen Menschen durch Gebet geholfen worden war, ergänzt durch eine Liste der betreffenden Gebete. Er hatte versucht, Beweise dafür zu erbringen, daß diese Akte geistiger und seelischer Konzentration eine sichtbare und wiederholbare Wirkung erzielen konnten, unter der Bedingung, daß der Betende mit der „richtigen Einstellung betete".

Die Religious Research Foundation war ursprünglich nicht zu dem Zweck gegründet worden, wissenschaftliche Befunde über religiöse Aktivitäten zu erstellen. Sie hatte den Status einer uneigennützigen Institution für wissenschaftliche, religiöse und Erziehungsfragen, die es sich zur Aufgabe gemacht hatte, die Religionen und angrenzende Wissensgebiete zu erforschen. Reverend Loehrs Spezialgebiete waren Parapsychologie und Spiritualismus.

An der Duke University machte er Bekanntschaft mit Dr. Rhines im Grunde ganz einfachen Testmethoden, die ihm vielversprechend erschienen: Eine bestimmte Anzahl Samenkörner wird in zwei Töpfe gelegt, wobei die äußeren Bedingungen für beide genau gleich sein müssen – mit einer einzigen Ausnahme: für den einen Topf wird gebetet, für den anderen nicht. Nach einer bestimmten Zeitspanne wird das Wachstum der Keime sorgfältig gemessen, und die Resultate beider Gruppen miteinander verglichen. Wenn alle Bedingungen – vom Gebet abgesehen – völlig gleich waren und trotzdem signifikante Unterschiede im Wachstum festzustellen sind, so können diese nur auf die Kraft des Gebetes zurückzuführen sein. Auf so einfache Weise könnte die Weltanschauung unserer westlichen Zivilisation, die allzusehr dazu neigt, den Materialismus als das allmächtige Prinzip anzuerkennen, in ihren Grundfesten erschüttert werden.

Kurz nach seiner Rückkehr nach Los Angeles begann Reverend Loehr mit eigenen Experimenten. Er kaufte zu diesem Zweck sechs Kuchenformen, Saatbohnen, Wickensamen, Maiskörner und zwei Gießkannen. Eine der Gießkannen wurde auf den Namen Aquator, was Wasserträger bedeutet, getauft und gekennzeichnet. In der Gebetsrunde ging sie zuerst von Hand zu Hand, wobei jeder einzelne ein Gebet sprach. Dann wurde sie in die Mitte gestellt, während noch einmal alle gemeinsam um besseres Wachstum für die mit diesem Wasser begossene Saat beteten.

Für jede der drei Samenarten wurden je zwei Blechformen bestimmt, wovon die eine, mit einem + gekennzeichnet, mit Wasser aus der Aquator-Kanne gegossen werden sollte, während die mit o gekennzeichnete die Kontrollgruppe darstellte und gewöhnliches Wasser erhielt. Blumenerde wurde gesiebt und sorgfältig vermischt, und die sechs Blechformen damit auf genau gleiche Höhe aufgefüllt. In die ersten zwei Backformen wurden je acht Maiskörner gesät, in die nächsten zwei je acht Bohnenkerne und in die letzten zwei je acht Wickensamen. Alle erhielten genau dieselbe Menge Wasser.

Der Mais wuchs am schnellsten und wurde daher auch bei späteren Versuchen sehr häufig verwendet, da das rasche Keimen die Messungen sehr erleichtert. Als sich die Gebetsrunde am folgenden Sonntag versammelte, zeigten sich drei Keimlinge in den +-Töpfen, in den o-Töpfen war noch kein einziger aufgegangen. Am Sonntag darauf stand es sieben zu drei, und dieser Stand blieb unverändert bis zum vereinbarten Messungstermin zehn Tage später. (Abb. 2)

Bei der Aussaat der Bohnenkerne, die ziemlich tief in die Erde gedrückt werden müssen, erwies sich die verwendete stark lehmhaltige Erde als wachstumshemmend, da sie rasch eine harte, für den tief sitzenden Keim schwer zu durchstoßende Kruste bildet. Bei der o-Gruppe zeigten sich nur Risse in der Oberfläche, die auf unterirdisches Leben schließen ließen, in der +-Gruppe waren, trotz der ungünstigen Lebensbedingungen, vier Keime durchgebrochen, die bis zum Ende des Experimentes zu einer Höhe von zwanzig bis achtunddreißig Zentimeter heranwuchsen (Abb. 3).

Die Wicken drohten Reverend Loehrs Theorie zu widerlegen, denn drei Wochen nach der Aussaat wuchsen sie immer noch langsamer als alle anderen, und peinlicherweise keimten im o-Topf drei Samen, während im +-Topf nur einer aufgegangen war! Der +-Gruppe gelang es aber dann doch noch aufzuholen, und der Schlußstand lautete drei zu zwei zugunsten der Gebetsgruppe.

Angespornt durch diese Ergebnisse mietete Reverend Loehr einen zusätzlichen Raum und richtete ihn als Laboratorium ein. Er konnte jetzt genau kontrollierte Labor-Experimente durchführen, wofür ihm seine Ausbildung als Chemiker zustatten kam. Nun, da er die Ergebnisse der ersten Gebetsversuche mit eigenen Augen gesehen hatte, wurde ihm klar, daß wir über die Gesetze des Universums noch einiges hinzuzulernen haben. Innerhalb der nächsten drei Jahre machte er beispielsweise die Erfahrung, daß verschiedene Gebete auch unterschiedliche Wirkungen auslösen, das heißt, daß man Pflanzen nicht nur gesund-, sondern (mit negativen Gebeten) auch krankbeten kann.

Die praktische Anwendung dieser Erkenntnis könnte

revolutionierende Folgen auf dem Gebiet der Humanmedizin haben, vor allem in der Krebsbekämpfung.
Wenn Pflanzenwachstum durch negative Gebete
gestoppt werden kann, warum dann nicht auch uner-
wünschtes Zellwachstum im menschlichen Körper?
Wenn in der Bibel davon erzählt wird, wie Jesus einen
Feigenbaum verfluchte, worauf dieser „bis zu den Wurzeln verdorrte" (Mt 21: 19–22; Mk 11: 12–14, 20–3), sollte uns schon damals, meint Reverend Loehr, eine Lehre
über die Macht des Geistes erteilt werden, die sowohl
zum Guten als auch zum Bösen genützt werden kann.

Das erste Positiv-Negativ-Experiment wurde von
einem RRF-Mitglied namens Erwin Prust geleitet. Prust
schnitt in seinem Garten sechs Efeuranken von gleicher
Länge und gleicher Blattanzahl, füllte zwei Töpfe mit
gut gemischter Erde und setzte in jeden drei Efeuranken.
Von seiner Frau wurde einer dazu auserkoren, mit
Gebeten um besseres Wachstum unterstützt zu werden;
er wurde mit + gekennzeichnet. Für den anderen, der mit
– gekennzeichnet wurde, sollten Gebete gegen das
Wachstum gesprochen werden. Davon abgesehen wurden beide Töpfe ganz gleich behandelt.

Der Efeu schlug Wurzeln und begann zu wachsen.
Nach einer Woche waren noch keinerlei Unterschiede zu
bemerken. Am Ende der zweiten Woche jedoch gedie-
hen die +-Pflanzen prächtig, während die mit – bezeichneten Pflanzen eingegangen waren. Das war ein bemer-
kenswertes Ergebnis. Segen und Fluch hatten also meßbare Wirkungen auf das Gedeihen von Pflanzen (Abb. 4
und 5).

Reverend Loehr beschloß, Mr. Prusts Experiment in

seinem Laboratorium zu testen. Eine runde Kuchenform mit 25 Zentimeter Durchmesser wurde mit feuchter Erde angefüllt, in der Mitte durch eine Trennwand aus Gips in zwei Hälften geteilt, und in diese wurden je 23 Maiskörner gepflanzt. Dann wurde ausgelost, welche Hälfte als positive und welche als negative Gruppe behandelt werden sollte, und schließlich wurde die ganze Form in undurchsichtiges Papier gehüllt; durch die Trennwand wurde genug Platz für die sprießenden Keimlinge freigehalten. Für die gesamte Dauer des acht-tägigen Experimentes blieb die Form versiegelt, während Mr. Prust mehrmals täglich zu bestimmten Zeiten seine segnenden oder verfluchenden Gebete verrichtete.

Als man am achten Tag das Papier entfernte, befanden sich 16 kleine Keimlinge auf der positiven Seite, auf der negativen Seite dagegen nur ein einziger.

In einem ergänzenden Experiment zur Demonstration der fatalen Wirkung negativer Gebete wurde Mr. Prust aufgefordert, dem einzigen Keimling auf der negativen Seite gut zuzureden, er sei zwar ein tapferer kleiner Kerl, habe sich aber geirrt und solle nicht weiterwachsen. Die starken mentalen Befehle verfehlten ihre Wirkung nicht. Kurz darauf welkte der Keim, und obwohl man vor den abschließenden Messungen noch dreiundzwanzig Tage verstreichen ließ, zeigte sich auf der negativen Seite kein einziger weiterer Trieb mehr (Abb. 6).

Von einem Mathematiker aus Dr. Rhines Forschungs-team wurde der Wahrscheinlichkeitsfaktor für dieses Versuchsergebnis mit 1:2.000.000 berechnet, das heißt, daß bei zwei Millionen Versuchen höchstens bei einem die Chance besteht, dasselbe Ergebnis zu erhalten.

Gewöhnlich begnügt man sich bei wissenschaftlichen Experimenten mit einem Wahrscheinlichkeitsfaktor von 1:100!

Bei den Tests hatte sich herausgestellt, daß außer der Art der Gebete auch die Person des Betenden eine ausschlaggebende Rolle spielt. Einer der sonderbarsten Fälle betraf eine Frau, die sich Reverend Loehr als Versuchsperson zur Verfügung gestellt hatte, mit ihren Gebeten aber nichts erreichte. Aus eigenem Antrieb schlug sie vor, ihre verstorbenen Eltern als Mittler einzuschalten. Genau wie bei den vorausgegangenen, mißglückten Experimenten, steckte sie Samen in zwei gleiche Töpfe, legte aber diesmal die Bibel ihrer Mutter unter den +-Topf, den Kontrolltopf stellte sie einfach an das andere Ende des Tisches. Vier Tage betete sie nun zu ihren Eltern, sie möchten die auf der Bibel stehenden Pflanzen zum Wachsen bringen. Sie wuchsen im Vergleich zu den Kontrollpflanzen um mehr als das Doppelte! Als die Frau das Experiment jedoch nochmals mit eigenen Gebeten versuchte, blieben die Unterschiede wiederum völlig unwesentlich.

Um die Bedeutung des persönlich-menschlichen Faktors genauer angeben zu können, ließ Reverend Loehr alle möglichen Gebetsmethoden erforschen. Sein Team war in besonderem Maße an Gebet gewöhnt und daher in der Mobilisierung dieser geistigen Energie wahrscheinlich erfolgreicher als die meisten anderen Menschen. In einem diesem Problem gewidmeten Experiment teilte sich das Team in aus je zwei oder drei Personen bestehende zehn Untergruppen, von denen jede auf eine bestimmte Weise beten sollte. Die innere Einstellung schien für das Gelingen, beziehungsweise Mißlingen eines Experimentes von entscheidender Bedeutung zu sein, und die alte Volksweisheit, wonach alles nur von der Einstellung abhängt, zu bestätigen.

Dieses Experiment war groß angelegt, um statistisch besser auswertbar zu sein, beschränkte sich aber auf positive Gebete. Die einzelnen Untergruppen bedienten sich runder Blechformen, pflanzten zwölf Weizen- und fünf Maiskörner und numerierten die Behälter.

Jedes Team hatte sich um drei Einheiten des Saatguts zu kümmern, dessen Wachstum nach Ablauf von acht, beziehungsweise elf und fünfzehn Tagen gemessen werden sollte. Jede dieser Einheiten bestand aus den zwei schon bekannten Behältern, einem mit + bezeichneten, für den Gebete gesprochen wurden, und einem Kontrollbehälter (o). Insgesamt waren es also sechzig Töpfe (Abb. 7).

Die Vorgangsweise war dieselbe wie bei den früheren Untersuchungen. Jeder einzelne Pflanzenkeim wurde täglich genau gemessen, von dem notierten Zeitpunkt ab, an dem er die Erdkruste durchstoßen hatte. Nach Ablauf von acht Tagen wurde ein erster, vorher bestimmter Teil ausgegraben und auch die Länge der Wurzeln gemessen, nach vierzehn Tagen der dritte und letzte.

Die Ergebnisse waren alles andere als bemerkenswert. Von den Weizenkörnern waren in der Gebetsgruppe 319 und in der Kontrollgruppe 311 aufgegangen, die durchschnittliche Länge der Keime betrug bei den ersteren 20,330 Millimeter, bei den zweiten 19,002 Millimeter. Dies ergab für die +-Gruppe einen Keimvorsprung von nur 2,57 Prozent und einen Wachstumsvorsprung von

6,99 Prozent. Beim Mais war das Verhältnis noch weniger signifikant: 4,71 Prozent Keimungsvorsprung und 1,12 Prozent Wachstumsvorsprung gegenüber der Kontrollgruppe.

Hatten die Experimentatoren die neue und für sie ungewohnte Versuchsanordnung vielleicht nicht ganz ernst genommen oder sich nicht genügend darauf konzentriert? Nur eine Wiederholung des Experimentes konnte diese Frage klären. Da in der Zwischenzeit drei Leute ausgefallen waren, wurden die Gruppen reorganisiert, einzelne Gebiete ausgewechselt und der Versuch nochmals von vorne begonnen. Diesmal sprach das Ergebnis unmißverständlich *für* die Wirksamkeit des Gebets. Die Daten beim Weizen waren mit 5,77 Prozent Wachstumsvorsprung – allerdings mit 3,98 Prozent Keimungsrückstand – etwa gleichgeblieben, der +-Mais aber hatte einen signifikanten Vorsprung von 34,4 Prozent gegenüber der 0-Gruppe aufzuweisen.

Am Schluß dieses vierwöchigen Doppelversuchs war eine umfangreiche Sammlung von Einzelheiten zustande gekommen. 649 Keime aus den +-Gruppen hatten eine durchschnittliche Länge von 34,409 Millimeter erreicht, 635 aus den Kontrollgruppen durchschnittlich 31,31 Millimeter. Im Rahmen kleiner Proben zeigt sich der Vorsprung der Gebetsgruppen nicht so deutlich; ein Wachstumsvorsprung von 8,74 Prozent, gemessen an 1284 Keimen, ist aber ein ausgesprochen deutliches Gesamtergebnis.

Der Anstoß für das nächste Experiment kam von den Mitgliedern der Gebetsgemeinschaft. Neun Leute nahmen daran teil. Sie führten das oben beschriebene Experiment mit einer einzigen Abänderung nochmals durch: jeder betete allein und auf seine Weise, ohne sich an irgendwelche vorgeschriebenen Gebete oder Rituale zu halten. Diesmal war das Ergebnis eindrucksvoll: der Weizen, für den gebetet worden war, übertraf den Kontrollweizen in seinem Wachstum um 26,14 Prozent, der Mais den Kontrollmais um 26,99 Prozent.

Reverend Loehr beschloß nun, ein Experiment mit positiven *und* negativen Gebeten in Angriff zu nehmen. Sechs längliche Blechformen, die mit schwarzem und grünem Draht in drei Abteilungen unterteilt waren, wurden mit sandiger Erde gefüllt. Nun wurden je zwanzig Weizen- und Maiskörner in jede Abteilung gepflanzt, im ganzen also hundertzwanzig Samenkörper pro Blechform. Die mittlere Abteilung diente zur Kontrolle; für die mit grünem Draht gekennzeichnete wurde von drei Gebetsteams um besseres Wachstum gebetet, und für die schwarz gekennzeichnete von den drei übrigen Gebetsteams um ein Aufhören des Wachstums. Den Anti-Gebeten wurde die größere Aufmerksamkeit gewidmet; die Anti-Gebetsteams hatten große Mühe, das Wachstum ihrer Schützlinge zu hemmen, aber es zeigte sich, daß die Gebetsgruppen ein um 5,82 Prozent *niedrigeres* Wachstum aufwiesen als die Kontrollgruppe und diese nur in einer Kategorie übertrafen (Maiskeimlinge). Und sowohl die Wurzeln wie auch die Keime beider Getreidearten blieben um 10,95 Prozent hinter jenen der Kontrollpflanzen zurück!

Am 1. März 1953 war die erste Versuchsreihe abgeschlossen und Reverend Loehr machte genaue Aufzeichnungen über Art und Wirkung der angewendeten Gebete: stille, laute, emotionell betonte und andere Gebete waren gleichermaßen zielführend gewesen. Loehrs Vermutungen waren durch harte Fakten bestätigt worden, und er war fest entschlossen, weitere Beweise zu sammeln, um seiner Theorie eines Tages zu einem allgemeinen Durchbruch zu verhelfen, die eine noch ungeahnte Bereicherung für die Menschheit mit sich bringen könnte.

Seine Dokumentationsunterlagen legte der Reverend im Verlauf einer längeren Vortragsreise mehreren Universitäten und parapsychologischen Instituten vor. Als er am 11. März die Duke-University besuchte, erfuhr er, daß Dr. Rhines Versuche auf diesem Gebiet keinerlei signifikante Ergebnisse erbracht hatten. Um so mehr beeindruckten Dr. Rhine die Resultate seines Gastes, und er bat den damals vierundvierzigjährigen Geistlichen, nach Personen zu suchen, die für diese Experimente besonders begabt wären. „Mit Hilfe außergewöhnlicher Begabungen können Sie Ihren Fall schon mit wenigen Versuchen beweisen, während bei normal begabten Versuchspersonen erst die Durchschnittsrate aus sehr vielen Versuchen bedeutsam wäre."

Mit einer Unterstützung – tausend Dollar – von der Parapsychology Foundation in New York beschaffte Reverend Loehr Material für Heim-Experimente (als Ergänzung zu den Laboratoriumsversuchen), das er an die Mitglieder des RRF verschickte. Es sollte von nun an Watte anstelle von Erde verwendet werden, um eventuell unterschiedliche Nährwertfaktoren des Bodens von vornherein auszuschließen.

Die erste „außergewöhnliche Begabung", die sich für

die neuen Experimente zur Verfügung stellte, war eine bekannt gute Gärtnerin namens Ursula Hazen. Sie begann mit einem sechswöchigen Experiment im Laboratorium. Die erste Woche brachte noch keine Überraschungen, nach Ablauf von fünf Wochen aber hatten die +-Pflanzen die Kontrollpflanzen an Wurzel- und Keimlingswachstum um 52,71 Prozent übertroffen! Danach setzte Mrs. Hazen die Versuchspflanzen in ihrem eigenen Garten aus, und zwischen August und Oktober nahm Reverend Loehr dort drei weitere Messungen vor. Die Pflanzen, für die gebetet wurde, behielten ihren Vorsprung: 31,57 Prozent, 33,98 Prozent und 42,04 Prozent und brachten darüber hinaus einen dreimal so hohen Ernteertrag!

Die Teilnehmer an den Heimexperimenten wurden in Gebets-Kursen unter der Leitung von Reverend Loehr geschult und erhielten die Anweisung, nach Ablauf der festgesetzten Frist detaillierte Berichte an eine seiner Mitarbeiterinnen zur Auswertung einzusenden. Die Analyse der ersten Ergebnisse erbrachte einen durchschnittlichen Vorsprung der +-Gruppen von 30,6 Prozent, wobei nur eine von 13 Versuchspersonen negative Ergebnisse eingeschickt hatte. Von 28 späteren Gebetsversuchen waren 21 positiv. Eine ganz eigene Bewandtnis hatte es mit den negativen Gebeten: Die meisten Versuchspersonen erzielten damit unbeabsichtigt den gegenteiligen Effekt, nämlich verstärktes Wachstum. Man schloß daraus, daß es einer viel höheren und ganz spezifischen Konzentration bedarf, um durch Gebet wachstumshemmend oder -verhindernd auf Pflanzen einzuwirken.

Nachdem Reverend Loehr beobachtet hatte, daß Weizen scheinbar leichter in seinem Wachstum zu hemmen war als Mais, befaßte er sich eingehender mit den besonderen Eigenschaften der verwendeten Samensorten. Bei minuziöser Durchsicht aller Unterlagen unter diesem Gesichtspunkt stellte er jedoch fest, daß es sich bei den scheinbaren Unterschieden um fallweise Verzerrungen handelte, die mit zunehmender Anzahl von Versuchsergebnissen minimalisiert oder ganz aufgehoben wurden. Der einzig entscheidende Faktor war also die Macht des Gebetes – um diese aber unumstößlich zu beweisen, sah er sich gezwungen, möglichst viele vergleichbare Experimente durchzuführen.

Das Positiv-Negativ-Experiment, das schon mit Mais unternommen worden war, wurde nun zum Vergleich mit Weizen versucht. In eine zweigeteilte Form pflanzte man 28 Körner, die sechs Tage lang mit positiven und negativen Gebeten bedacht wurden, dann wurde eine Pause eingelegt. Am siebenten Tag waren auf der +-Seite 23 Keime zu sehen, auf der negativen Seite nur drei. Loehr wartete, bis 27 auf der positiven und 23 auf der negativen Seite standen und nahm nochmals vier Tage lang die Gebete wieder auf. Sofort danach wurden die Pflänzchen ausgegraben und gemessen: der Vorsprung der +-Gruppe betrug 241,75 Prozent bei den Keimen und 158,62 Prozent bei den Wurzeln! (Abb. 8)

Ein ähnliches Experiment der Astara-Foundation in Los Angeles erbrachte einen Bumerang-Effekt hinsichtlich der negativen Gebete: Die negative Gruppe übertraf die Kontrollgruppe um 6,12 Prozent, die +-Gruppe um 5,24 Prozent. Diese sonderbar scheinenden Resultate bestärkten Reverend Loehrs Auffassung, daß Wachstumsverhinderung ungewöhnliche Konzentration und Disziplin verlangt, und daß es dem Menschen viel schwerer fällt, seine mentalen Kräfte zur Zerstörung einzusetzen als zum Heil. Immerhin hatte auch dieser scheinbar mißglückte Versuch die Wirksamkeit des Gebetes dokumentiert.

Wie kann man das Gebet vom Betenden trennen? Das war das zentrale Problem. Gemeinsam mit seinem Freund Aldous Huxley erwog Reverend Loehr die Möglichkeit der Verwendung einer Gebetsmühle und bat auch den großen geistigen Mentor Gerald Heard sowie Max Freedom Long, den Autor des Buches *The Secret Service Behind Miracles* und einige andere um Stellungnahmen zu diesem Vorschlag. Eventuell, meinte er, würde sich auch ein Tonband als moderne Version der Gebetsmühle eignen, aber selbst dabei wäre das menschliche Element nicht vollständig ausgemerzt. Daß Gebete Pflanzen beeinflußten, stand außer Frage, wem aber war letztlich die Wirkung zuzuschreiben – dem Gebet oder dem Menschen, der es sprach?

Die Frage ist bis heute nicht entschieden. Was Reverend Loehr im Verlauf von 700 Einzelversuchen, bei denen 150 Personen mit über 27.000 Pflanzenkeimen experimentierten und mehr als 100.000 Daten gesammelt wurden, nachwies, war, daß vier von sechs Personen mit Hilfe positiver Gebete das Pflanzenwachstum um 15–50 Prozent beschleunigen können, eine von sechs Personen regelmäßig umgekehrte Resultate mit negativen Gebeten erzielt und daß jemand, der zunächst erfolglos war, sich durch Übung verbessern kann, wenn er lange genug bei der Sache bleibt. Nur drei besonders konzentrationsfähige Personen unter den 150 Getesteten jedoch waren imstande, Wachstum zu hemmen beziehungsweise Pflanzen fallweise umzubringen.

Wahrscheinlich hatte die britische Presse recht, als sie Reverend Loehrs Entdeckungen als zu den größten unseres Jahrtausends rechnete. Sie ermöglichen vielleicht einen bedeutsamen Schritt auf dem Weg der Evolution, indem sie uns vor Augen führen, daß Wissenschaft und Religion zwei Aspekte desselben Phänomens sind. Denn es handelte sich um den ersten wissenschaftlichen Beweis für die Wirksamkeit des Gebets.

Nach der Lektüre des Berichtes über Reverend Loehrs Versuche führte der schon früher erwähnte Dr. Robert N. Miller aus Atlanta ein Pflanzenexperiment über Distanz durch. Seine freiwilligen Versuchspersonen waren Ambrose und Olga Worrall aus Baltimore.

Als Versuchspflanzen wählte er gewöhnlichen Roggen, da dieser besonders leicht zu ziehen und vor allem zu messen ist. Mit Hilfe eines elektromechanischen Rotationstransformators, der mit einem automatischen Aufzeichnungsgerät verbunden war – einer Vorrichtung, die Dr. H. H. Kleuter vom US-Landwirtschaftsministerium schon im Jahr 1966 zur Messung der Wachstumsraten von Kulturpflanzen verwendet hatte –, begann er sein Experiment.

Die Spitze eines Pflanzenblattes wurde an einem ausbalancierten Hebelarm befestigt, der seinerseits mit dem Transformator verbunden war. Wächst der Halm, so wird der Hebelarm bewegt und löst ein elektrisches Signal aus, das den Schreiber des Geräts in Gang setzt.

Vor dem Beginn des Versuchs wurde das normale Wachstum der Roggenhalme bestimmt und auf durchschnittlich 6,25 mils pro Stunde (ein mil entspricht etwa 0,0025 Millimeter) festgesetzt.

Zur vereinbarten Gebetsstunde um 21 Uhr mußten die Worralls, mehr als tausend Kilometer entfernt, ihre Gedanken auf die Pflänzchen konzentrieren und sich ausmalen, wie diese, von hellem Licht überflutet, kräftig in die Höhe schossen. Während der gesamten Dauer des Experiments blieb fluoreszierendes Licht eingeschaltet, die Raumtemperatur wurde konstant auf 22 Grad eingestellt, und die Tür des Laboratoriums blieb versperrt.

Am 4. Januar 1967, um punkt 21 Uhr, traten die Worralls erstmals in Aktion. Bis zu diesem Moment zeigte die Spur auf dem Kontrollstreifen eine stetig ansteigende Kurve. Um 21 Uhr erfolgte ein plötzlicher Sprung, und von da an verlief die Linie steil aufwärts. Bis zum nächsten Morgen 8 Uhr war der Halm um fast 1,5 Zentimeter gewachsen, das bedeutete eine Wachstumsrate von 52,5 mils pro Sekunde oder eine Wachstumsbeschleunigung von 840 Prozent! Das Kontrollgerät blieb weitere 48 Stunden eingeschaltet, in deren Verlauf die Wachstumsrate zwar allmählich zurückging, aber nicht bis auf den ursprünglichen Stand zurückfiel (Abb. 9 und 10).

Diese dramatische Verachtfachung der Wachstumsgeschwindigkeit, die mehr als tausend Kilometer entfernte Betende durch ihre Segenswünsche hervorgerufen hatten, ließ darauf schließen, daß die Kraft des Gebetes auch durch große Distanzen nicht abgeschwächt wurde, zumindest dann nicht, wenn ein Heiler sie mobilisierte.

Zwei Jahre nach Reverend Loehrs und zehn Jahre vor

Dr. Millers Experimenten, unternahm 1957 ein hochbegabter junger Biochemiker und Professor für Psychiatrie an der McGill University in Montreal, Dr. Bernard Grad, mit einem Heiler als Versuchsperson und Pflanzen und Mäusen als Versuchsobjekten, einen weiteren Vorstoß ins Unbekannte.

3

Glaube heilt Pflanzen

Das Handauflegen, eine der ältesten Heilpraktiken der Welt, hielt man jahrhundertelang für eine Gottesgabe, die den Königen verliehen ist. Die Bibel berichtet von mehr als vierzig Wunderheilungen Christi; eine der berühmtesten davon ist die des Malchus, dem einer der Jünger das rechte Ohr abgehauen hatte. Jesus heilte die Wunde durch Berührung.

In fast allen Mythen und Religionen werden den fünf Fingern der Hand außerordentliche physische und geistige Kräfte zugeschrieben, nicht zuletzt deshalb, weil die Zahl fünf als das Symbol des Menschen, der Gesundheit und der Liebe gilt. Heutzutage jedoch pflegt die Medizin das Handauflegen als Scharlatanerie abzutun. Wie aber können die Vertreter der Wissenschaft die nur durch Handauflegen eines Heilers bewirkte Gesundung einer verletzten Maus oder das beschleunigte Wachstum eines Gerstenkeims erklären?

Trotz Reverend Loehrs erfolgreichen Gebetsexperimenten oder Dr. Bernard Grads unwiderlegbaren Beweisen für die Existenz einer direkten Kommunikation mit anderen Formen des Lebens, gibt es immer noch eingefleischte Skeptiker, die sich von ihrer starren, materialistischen Weltanschauung nicht zu trennen vermögen. In einer übervölkerten Welt aber sollte es die erste und wichtigste Aufgabe des Menschen sein, so viel wie möglich über diese Heilenergie oder Vitalkraft, ihre sonderbaren Antriebskräfte und magnetischen Phasen zu lernen. „Der Mensch wird erst dann Herr seiner selbst sein, wenn er gleich viel Mühe und Zeit auf die Erforschung seines Inneren verwendet, wie er bisher auf die Erforschung der Außenwelt verwendet hat", schreibt Gerald Heard in seinen *Meditations*.

Dr. Grad gehörte zu jenen Wissenschaftlern, die eine Expedition in das Gebiet jenseits der fünf Sinne wagten, in der Hoffnung, unser Wissen vom Potential und den Entwicklungsmöglichkeiten des Menschen zu erweitern. Experimente über die Wirkung der Telekinese auf Pflanzen wurden im Laufe dieses Jahrhunderts von mehreren Wissenschaftlern – einer der bekanntesten unter ihnen ist Dr. J. B. Rhine – unternommen, doch keinem gelang es, so weit in dieses Gebiet vorzudringen wie Dr. Grad.

Sein Interesse für unorthodoxe Heilmethoden, für die die Mehrzahl seiner Kollegen bestenfalls ein Lächeln übrig hatten, führte den Biologen und Psychiater zu einer näheren Beschäftigung mit paranormalen Phänomenen. Dr. Grad war davon überzeugt, daß die sogenannten Wunderkuren einer ernsthaften Erforschung wert sind. Beruhte die Fähigkeit zu heilen ausschließlich auf der Macht der Suggestion, wie die Mediziner behaupteten, oder wirkte da eine eigenständige, objektive Kraft, die vom Heiler selbst ausging? Er sah seine Träume von einer wissenschaftlichen Untersuchung mentalen Heilens Wirklichkeit werden, als er zufällig mit dem ungarischen Heiler Oskar Estebany zusammentraf. (Abb. 11)

Der erstaunlich jung aussehende Ungar hatte im Jahr 1937 als Hauptmann der Artillerie in der ungarischen Armee gedient und sein Talent damals durch puren Zufall entdeckt. Es war üblich, nach längeren Ausritten die Pferde zu massieren, bevor man sie ausruhen ließ. Estebanys Reitpferd erholte sich immer am raschesten von allen, was er zunächst der Kunst seiner Massage zuschrieb – bis er zu ahnen begann, daß er noch eine zusätzliche Fähigkeit besitzen mußte, über die seine Kameraden nicht verfügten. Er hatte zum Beispiel festgestellt, daß kranke Soldaten sich besser fühlten, sobald er sie berührte, und daß Wunden, die er verbunden hatte, schneller heilten.

Als er sich nach vielen erstaunlichen Heilerfolgen bei Mensch und Tier seiner außergewöhnlichen Begabung endlich bewußt wurde, begann er, sich auch theoretisch dafür zu interessieren. In Ungarn konnte er kein einziges Buch über dieses Thema auftreiben, doch erfuhr er von einem Wiener namens Rudolf Thetter, der die Methode Dr. Anton Mesmers weiterführte. Thetter bezeichnete sein Naturtalent als „Urheilkraft" oder tierischen Magnetismus. Estebany begann nun, sich mit kranken Tieren aller Art zu beschäftigen und machte die Erfahrung, daß er jedes Lebewesen heilen konnte, das er berührte.

1944, während des Zweiten Weltkrieges, sprang er in den Lazaretten helfend ein, wenn kein Arzt zu erreichen war. Nach dem Krieg und der kommunistischen Machtübernahme in Ungarn durfte ein ehemaliger Offizier ausschließlich manuelle Tätigkeiten ausüben. Privatbesitz war ihm verwehrt, er erhielt keine Pension und war gezwungen, sich als einfacher Arbeiter seinen Lebensunterhalt zu verdienen. Estebany arbeitete bei Nacht in einer Sägemühle und heilte bei Tag. Seine Patienten waren Priester, Nonnen, Nachbarn – jeden, der bei ihm Hilfe suchte, behandelte er kostenlos. Manchmal arbeitete er auch mit Ärzten zusammen, ohne aber jemals in Konflikt mit der Obrigkeit zu geraten.

Als er später für einige Monate nach Budapest übersiedelte, um dort als Heiler an der Urologischen Klinik zu arbeiten, konnte er – nur deshalb, weil er Offizier gewesen war – keine feste Anstellung finden. Sogar der Beruf des Masseurs galt als eine viel zu gehobene Stellung für seinesgleichen. Einige Zeit heilte er in seinem Budapester Quartier, doch binnen kürzester Zeit war die Zahl der Hilfesuchenden so groß geworden, daß er unmöglich alle empfangen konnte und aus diesem Grund in seine Geburtsstadt Sopron (Ödenburg) zurückkehrte, wo er die nächsten zehn Jahre verbrachte. Wieder arbeitete er bei Nacht und heilte tagsüber.

Während des Ungarn-Aufstandes 1956 floh er mit seiner Frau nach Kanada. Dort traf er ein Jahr später mit Dr. Grad zusammen, der ihm endlich eine Chance bot, die Quellen seiner segensreichen Heilkraft wissenschaftlich zu erforschen. Begeistert willigte Estebany in Dr. Grads Vorschlag zur Zusammenarbeit ein, die sieben Jahre dauern sollte.

Das Hauptziel der ersten Testreihen war es, Suggestion als verursachendes Prinzip auszuschließen. Zu diesem Zweck mußten die Experimente im Laboratorium unter strengsten Bedingungen mit Tieren und Pflanzen durchgeführt werden. Zu Estebanys ersten Aufgaben gehörte es, an fünf Tagen der Woche Gerstensaatkörner fünfzehn bis zwanzig Minuten täglich in der Hand zu halten. Danach wurden sie aus einer Gießkanne begossen, die er ebenfalls so lange in den Händen gehalten hatte (Abb. 12).

Zum Vergleich wurde eine unbehandelte Kontrollgruppe herangezogen, doch ergab dieser erste Versuch keine signifikanten Ergebnisse. Estebany selbst erklärte das damit, daß gesundes Saatgut seiner Hilfe nicht bedürfe. Also mußte ein Verfahren gefunden werden, die Keime zu schwächen oder zu verletzen: Die Wasserzufuhr wurde vermindert, und dem Gießwasser überdies ein Prozent pflanzenschädigende Kochsalzlösung zugesetzt. Schließlich wurde die Saat noch in einem Backofen bei 38 – 40 Grad achtundvierzig Stunden lang getrocknet. Im Lauf dieser Versuche kam nun Estebanys Begabung zum Tragen: Es genügte, wenn er nicht die Pflanzen selbst, sondern nur das Gefäß mit dem mit Kochsalzlösung versetzten Wasser eine Viertelstunde lang in den Händen hielt, bevor Dr. Grad die Pflänzchen damit begoß!

Damit waren die Vorarbeiten abgeschlossen, und Dr. Grad konnte mit einer Reihe sogenannter „blinder Experimente" beginnen, deren Besonderheit darin besteht, daß jeder der Versuchsteilnehmer bis zum Schluß nur über einen gewissen Teil der gesamten Information verfügt.

In vierundzwanzig, mit gewöhnlicher Gartenerde gefüllten Blumentöpfen wurden je zwanzig Gerstenkörner gesät, die alle dem oben beschriebenen Schädigungsverfahren unterzogen und dann in eine von Estebany zu behandelnde und in eine Kontrollgruppe unterteilt wurden. In einem anderen Raum wurden zwei Gießkannen mit salzigem Wasser gefüllt und eine davon Estebany übergeben; er hielt sie eine Viertelstunde lang in der linken Hand und legte die rechte Hand über die Ausgußöffnung. J. B., einer von Dr. Grads Assistenten, trug dann die beiden Gießkannen in sein Arbeitszimmer, kennzeichnete die eine mit X, die andere mit Y und hinterlegte in einem verschlossenen Briefumschlag, welcher der Buchstaben die von Estebany behandelte Kanne bezeichnete.

Im Testraum unterteilte inzwischen Dr. Grad die fortlaufend numerierten Blumentöpfe nach einem klassischen Zufallsschema (*Statistical Tables for Biological, Agricultural and Medical Research* von Fisher und Yates), in zwei gleich große Gruppen, schrieb die zwei Zahlenreihen auf einen Zettel und versteckte die Information in einem verschlossenen Briefumschlag an einem Ort, zu dem niemand außer ihm selbst Zutritt hatte.

Die zwei Gruppen wurden jede mit einer bestimmten Kanne begossen. Dr. Grad wußte zwar, welcher Gruppe welche Kanne zugedacht war, nicht aber, welche von ihnen die von Estebany behandelte war. J. B. wiederum, der wie Estebany den Testraum nicht betreten durfte, wußte nicht, welche Pflanzengruppe mit dem behandelten Wasser begossen wurde. Nach dem Gießen wurden die Pflanzen achtundvierzig Stunden lang getrocknet, danach in einem Tag und Nacht gleichmäßig beleuchteten und geheizten Raum aufgestellt, und von da an alle mit gewöhnlichem Leitungswasser gegossen.

Vierzehn Tage lang wurde das Pflanzenwachstum in bestimmten Zeitintervallen auf den Millimeter genau vermessen, registriert und fotografiert. Erst nach Abschluß des Experimentes öffneten Dr. Grad und sein Mitarbeiter die versteckten Briefumschläge und tauschten die bis dahin geheimgehaltenen Informationen aus. Die Gruppe X wurde als die behandelte identifiziert und ihre Messungsdaten mit denen der Kontrollgruppe Y genau verglichen. Das Ergebnis war eindeutig: Die Gruppe X hatte einen signifikanten Wachstumsvorsprung erzielt (Abb. 13, 14, 15, 16). Kontrollversuche ohne Einschaltung von Estebany zeigten, daß Zufall als Ursache auszuschließen war.

Den Pflanzenexperimenten waren „Wunderheilungen" an Tieren vorausgegangen. Um auf beschränktem Raum Estebanys Heilkraft dennoch an möglichst vielen Tieren demonstrieren zu können, wählte man Mäuse als Versuchstiere. Achtundvierzig weibliche Mäuse wurden auf drei rostfreie Stahlkäfige verteilt, die in einem fensterlosen Raum mit genau regelbaren Licht- und Temperaturverhältnissen aufgestellt wurden. Ein Behandlungskäfig wurde nach den Maßen von Estebanys Händen — der ja die Mäuse behandeln sollte — angefertigt. An sechs Tagen der Woche mußte Estebany diesen Käfig zweimal täglich fünfzehn Minuten lang auf seine linke Hand stellen und die rechte Hand von oben auf das Maschendrahtgitter legen. Die von Natur aus sehr nervösen Tiere mußten erst allmählich an die Versuchsbedingungen gewöhnt werden, vor allem an die plötzlichen Übersiedlungen von einem Käfig in den anderen. Dann fügte man den Tieren unter Vollnarkose eine Verletzung zu: aus der Rückenhaut wurde ein Stück von etwa 1,7 Zentimeter Durchmesser herausgeschnitten.

Die von Estebany behandelte Gruppe erhielt die Kennzeichnung STTR, die Kontrollgruppe wurde mit MTR bezeichnet. Mit Ausnahme der täglichen Handauflegung, die nur die STTR-Gruppe betraf, waren die Umwelt- und Pflegebedingungen für alle Tiere streng identisch. Der dritten Gruppe, HTR, wurde die Wärme, die während der Behandlung von Estebanys Händen ausstrahlte, künstlich durch ein Elektrogerät zugeführt. Temperaturmessungen hatten nämlich ergeben, daß die Temperatur im Behandlungskäfig während der ersten fünf Behandlungs-Minuten auf 31 Grad C anstieg, auf 32 Grad C bis 23 Grad C im Laufe der nächsten fünf Minuten und sich dann nicht mehr änderte. Gegen Ende des vierzehntägigen Experiments stellte sich heraus, daß der Heilungsprozeß bei den Tieren der STTR-Gruppe bedeutend weiter fortgeschritten war als bei denen der beiden anderen Gruppen.

Eine statistische Auswertung der Versuchsergebnisse aus der zweijährigen Arbeit an diesen und ähnlichen Projekten sowie eines parallel laufenden Forschungsprojektes an der Universität von Manitoba ergab, daß von Estebany behandelte Tiere zwanzig bis dreißig Prozent rascher genasen als die anderen. Damit war eindeutig der Beweis erbracht, daß Estebanys Heilkunst nicht auf Suggestion beruhen konnte.

Welche Kraft also hatte die schnellere Heilung der verletzten Mäuse oder das rasche Wachstum von Pflanzenkeimen bewirkt? Beide Phänomene wiesen auf eine Beschleunigung der Zellteilung hin – aber wodurch wurde sie hervorgerufen? Übertrugen Estebanys Hände, sein Atem oder sein Körper, irgendeine chemische Substanz, oder war hier eine geistige Kraft am Werk? Viele Fragen standen noch offen, und Dr. Grad hoffte, möglichst viele davon mit Hilfe des großgewachsenen, breitschultrigen Ungarn mit dem sanftmütigen Charakter und den heilkundigen Händen zu lösen.

Weitere vier Pflanzenexperimente standen auf dem Programm. Um es Estebany unmöglich zu machen, die Gießwasserlösung mit seinem Atem zu streifen oder irgendeinen Fremdstoff hineingelangen zu lassen, wurden diesmal Reagenzgläser mit Glasstöpseln verwendet. Außerdem wurde zur Verschärfung der strengen Blindversuchsbedingungen ein zweiter Mitarbeiter, A. T., eingeschaltet.

Unbeobachtet füllte A. T. im Isolationsraum die zwei Flaschen mit salziger Lösung, verpackte sie in undurchsichtige Papiersäcke und verschloß die Säcke mit Heftklammern. Dann stellte er sie in einem anderen Zimmer in einen Schrank und ging weg. Ebenfalls unbeobachtet nahm Estebany eine der Flaschen aus dem Schrank und hielt sie anschließend, in Anwesenheit Dr. Grads, eine halbe Stunde lang in den Händen. Dann schrieb er eine Nummer auf die Papierhüllen, die Dr. Grad vorsorglich notierte, stellte die Flasche zurück in den Schrank, beschriftete auch die zweite mit einer Nummer, die Dr. Grad ebenfalls notierte, und verknüllte vor dem Weggehen beide Papiersäcke so gleichmäßig, daß die Assistenten unmöglich erraten konnten, welche Flasche behandelt worden war.

Später trug J. B. die Flasche zurück in den Isolationsraum. In einem abgesonderten Zimmer numerierte A. T. inzwischen die Blumentöpfe und teilte sie anschließend nach der erprobten Zufallsmethode in zwei Gruppen. Die entsprechende Information versteckte er. Im Isolationsraum entfernte zur selben Zeit G. B. die Nummern von den Papierhüllen der Flaschen und ersetzte sie durch Buchstaben. Auch J. B. schrieb seine Information auf einen Zettel, den er versteckte.

Ein bis zwei Stunden nach der Handauflegung begoß Dr. Grad die Blumentöpfe nach folgender, ausgeklügelter Methode: Allein in seinem Arbeitszimmer sah A. T. auf seiner Liste nach, welcher Blumentopf aus welchem Wasserbehälter gegossen werden mußte, füllte eine Injektionsspritze mit der notwendigen Menge der entsprechenden Lösung und brachte sie Dr. Grad, der nach seiner Anweisung das Gießen besorgte.

Von da an wurde das Experiment genau nach dem Vorbild der vorhergehenden Versuche fortgesetzt. Die salzige Lösung wurde sicherheitshalber noch auf eventuelle biochemische oder biophysikalische Veränderungen im Vergleich zur Kontrollösung untersucht, es konnten aber keinerlei Unterschiede festgestellt werden. Die mit der behandelten Lösung genährten Pflanzen aber wiesen, wie bei allen früheren und späteren Experimenten auch, auffallende Wachstumsvorsprünge von 20,91 bis 66,04 Prozent auf.

Dr. Grad stand an der Grenze des wissenschaftlich Erklärbaren; Estebanys geheimnisvolle Kraft schien eine besondere Art von Energie zu sein. In einem Artikel schrieb er dazu: „Über die spezifische Natur dieser Energie haben die vorliegenden Versuchsreihen wenig Aufschluß gebracht. Da sie Glas zu durchdringen vermag, ist vielleicht die Hypothese statthaft, daß es sich um elektromagnetische Energie handeln könne." (*International Journal of Parapsychology*, VI, 4, 1964). Die Möglichkeit, daß – etwa über den Atem – irgendwelche zusätzlichen Substanzen die heilende Wirkung mitbeeinflußt haben könnten, schloß Dr. Grad jedoch immer noch nicht vollständig aus, insbesondere da die ersten Versuche mit offenen Behältern statistisch signifikantere Ergebnisse erbracht hatten als die mit verschlossenen Behältern.

Es folgten noch einige weitere Experimente mit primitiven Lebewesen, wie zum Beispiel Hefepilzen, doch mußte die Erforschung von Estebanys telekinetisch wirkender Energie aus Mangel an entsprechend spezialisierten Instrumenten schließlich aufgegeben werden. Nach wie vor gab es also keine Antwort auf die bestürzende Frage, wieso ein winziger Keimling auf einen Menschen reagiert. Denn nicht nur die langjährigen Versuche mit Estebany, sondern auch spätere Experimente mit Menschen, die keinerlei Anspruch auf außergewöhnliche Fähigkeiten erhoben, stellten die geheimnisvolle Verbindung zwischen Mensch, Tier und Pflanze wiederholt zweifelsfrei unter Beweis.

Mehr als hundert Jahre, bevor Estebanys Begabung ans Licht gekommen war, glaubte man bereits an die heilende Wirkung von Handauflegen oder einfacher Berührung. Man nannte dieses Verfahren damals nach dem berühmten österreichischen Arzt Anton Mesmer „Mesmerisieren". Mesmer war stark beeinflußt von der im 16. Jahrhundert entwickelten Lehre des großen Paracelsus und glaubte wie dieser an ein unsichtbares Fluidum, das von den Sternen und Planeten ausgeht und über das Wohlbefinden der Menschen bestimmt. Er bezeichnete diese Strahlung als „tierischen Magnetismus" und gelangte mit der Zeit zu der Ansicht, daß er seine Patienten heilen konnte, indem er dieses Fluidum auf sie überleitete, während er mit den Händen über sie hinstrich. Viele Menschen wurden Zeugen seiner Heilerfolge – einer seiner berühmtesten Anhänger war Benjamin Franklin –, die Schulmedizin aber blieb bei ihrer Ansicht, daß einzig die Kooperationsbereitschaft des Kranken dieses Phänomen ermögliche, daß also der ganze Zauber auf Hypnose beruhe – ein Begriff, den der Engländer James Braid geprägt hatte.

Als Mesmer 1815 starb, führten zahlreiche Nachfolger unter der Berufsbezeichnung Magnetiseure seine Methode weiter. 1841 unternahm ein französischer Wissenschaftler und Magnetiseur namens Charles Lafontaine als erster eine Serie von Pflanzen- und Tierexperimenten, um herauszufinden, ob die von Mesmer beschriebenen Emanationen auch auf niedrigere Organismen wirkten, bei denen das Argument der Hypnose oder Suggestion von vornherein wegfiel. So strich er beispielsweise über eine welkende Geranie, die sich daraufhin nicht nur wieder aufrichtete, sondern kräftiger wuchs und früher blühte als ihre Schwestern. Ähnlich überraschende Erfolge erlebte einer seiner Kollegen, Dr. Picard, mit einem Pfirsichbaum. Nachdem der Baum jahrelang unfruchtbar gewesen war, trug er nach der Behandlung mehr und bessere Früchte als der Nachbarbaum. Wieder ein anderer Experimentator aus dem Kreis um Lafontaine magnetisierte einen Monat hindurch, täglich fünfzehn Minuten lang, einen durch Krankheit gelb gewordenen Birnbaum, mit dem Erfolg, daß die behandelten Zweige frisch grünten, während die übrigen gelb geblieben waren.

Der nächste Schritt waren statistisch auswertbare Experimente. 170 Samenkörner Gartenkresse wurden auf vier mit gleicher Erde gefüllte Töpfe verteilt. Einer war der Kontrolltopf, die anderen wurden mit von den Experimentatoren magnetisiertem Wasser gegossen, und zwar der erste mit positiv, der zweite mit negativ und der dritte mit sowohl positiv als auch negativ magnetisiertem Wasser. Die Mesmerisierung wurde acht Tage lang täglich durchgeführt und anschließend vier Tage ausgesetzt. Nach dieser Frist grub man die Pflänzchen vorsichtig aus und wog sie. Die Kontrollpflanzen brachten es auf 3,2 Gramm, die negativ behandelten auf 3 Gramm; die positiv behandelten auf 3,9 Gramm, die letzte Gruppe auf 3,7 Gramm.

Ein anderes Mal wurden neun Töpfe mit Roggenhalmen in drei Gruppen geteilt. Die erste wurde mit der Handfläche mesmerisiert, die zweite mit den Fingerspitzen und die dritte, die Kontrollgruppe, gar nicht. Nach achtzehn Tagen war der Vorsprung der mit der Handfläche mesmerisierten Gruppen am größten. Er betrug etwa zwei Zentimeter gegenüber der Kontrollgruppe. Ein ergänzender, komplizierterer Laborversuch zeigte, daß bei einem linkshändigen Magnetiseur die Heilwirkung der linken Hand stärker war. Eines aber war in allen Versuchen deutlich geworden: Die Streichbewegung der menschlichen Hand übte in jedem Fall eine meßbare Wirkung auf das Wachstum junger Pflanzen aus.

Dr. Emile Magnin, einer von Lafontaines Mitarbeitern, schrieb damals: „Viele meiner Leser schütteln offenbar lächelnd den Kopf bei der Vorstellung, daß wir Einfluß auf das Wachstum der Pflanzen nehmen können... Wieso aber wundert sich keiner darüber, daß Pflanzen nirgends so üppig gedeihen wie ausgerechnet in Metzgereien? Ist es nicht naheliegend anzunehmen, daß das viele Blut eine wachstumsfördernde Atmosphäre erzeugt? Warum haben manche Leute eine Hand für Blumen, während andere, trotz ebenso gewissenhafter Pflege, als Pflanzenzüchter erfolglos bleiben? Wie kommt es, daß manche Frauen, trotz noch so sorgfältiger Toilette, eine Stunde später schon zerzaust wirken, während andere immer wie aus dem Ei gepellt aussehen? Solche Beobachtungen, die sicher jeder von uns schon gemacht hat, zeigen uns, daß wir auch im Alltag von unbekannten Mächten umgeben sind."

In den Jahren nach 1843 demonstrierte Lafontaine unzählige Male, daß er mit seiner Methode innerhalb weniger Minuten Tiere aller Art – Hunde, Löwen, Hyänen, Eichkätzchen, Eidechsen usw. – in Tiefschlaf versetzen konnte. Tiere, die er nie vorher gesehen hatte, die also nicht darauf dressiert sein konnten, schliefen, wenn er mit den Händen über sie hinstrich, so fest ein, daß nicht einmal lautes Geschrei, Nadelstiche oder schmerzhaftes Kneifen sie aufzuwecken vermochten, bevor er wieder über sie hinstrich und ihnen „befahl", zu erwachen. So setzte er beispielsweise Eidechsen in ein Glas und strich darüber hin, bis die Tiere kein merkbares Lebenszeichen mehr von sich gaben. Nun konnte er das Glas beliebig schütteln, ohne sie zu wecken. Erst nach vierundzwanzig Stunden löste er sie aus ihrer Erstarrung, worauf sie augenblicklich ihre nervöse Beweglichkeit wiederfanden, als ob nichts geschehen wäre. „Angesichts dieser Tierversuche", sagte er, „läßt sich die Wirksamkeit des Fluidums nicht länger bestreiten. Ganz offensichtlich werden diese Phänomene von der körperlichen Emanation des Menschen hervorgerufen, der Wille allein könnte in diesem Falle nichts ausrichten."

Ein Wissenschaftler mit ähnlich starker magnetischer Ausstrahlung war Dr. Edouard Bertholet aus Lausanne. Seine „minuziösen Untersuchungen über die Mesmerisierung von Samen und Pflanzen" werden in Raoul Montadons Buch *Les radiations humaines* (Paris 1927) erwähnt. Auch er erbrachte in Zusammenarbeit mit Madame Issaeff, einer hochbegabten und zu ihrer Zeit sehr bekannten Heilerin, unwiderlegliche Beweise für die Wirkung des menschlichen Fluidums auf pflanzliche Organismen, die über jeden Verdacht der Suggestion erhaben sind.

Lange vor Dr. Grad erkannten bereits die damaligen Experimentatoren in der von den Händen ausgestrahlten Wärme eine mögliche Fehlerquelle und trachteten, dies durch künstliche Wärmezufuhr bei den Kontrollpflanzen auszugleichen. Anders als bei der Mesmerisierung wurde bei dieser Wärmebehandlung nie ein meßbarer Effekt erzielt.

Angespornt durch ihre Erfolge mit Pflanzen im ersten Wachstumsstadium, beschlossen die Experimentatoren, ihre Versuche auf die Blüteperiode auszudehnen. Kürbissamen wurden gleichmäßig auf zwei Töpfe verteilt, auf einen Kontrolltopf T und einen mit M gekennzeichneten, der morgens und abends zehn bis zwanzig Minuten lang mesmerisiert wurde. Alle anderen Wachstumsbedingungen waren selbstverständlich streng identisch. Nach Ablauf von zwölf Tagen wurden die Pflanzen ausgegraben, vermessen und fotografiert und dann wieder in die Töpfe eingesetzt. Wiederum war der Wachstumsvorsprung der behandelten Pflanzen unübersehbar: nach knapp zwei Monaten standen sie bereits in voller Blüte, ihre Blätter waren auffallend größer und stärker grün gefärbt, und die Blattadern deutlicher ausgeprägt als die der Kontrollpflanzen.

Insgesamt dauerte das Kürbisexperiment 174 Tage. Bei der ersten Vermessung, am 12. Tag, betrug die Länge des mesmerisierten Pflänzchen (BM) 20, 22, 35 und 28 Millimeter, die der Kontrollpflänzchen (AT) 14, 14, 22 und 22 Millimeter. Als die behandelten Pflanzen am 60. Tag die Vergleichsgruppe weit überflügelt hatten, drehten die Experimentatoren den Spieß um: Ab nun wurde die AT-Gruppe mesmerisiert, die nur noch drei Pflanzen umfaßte, und die BM-Gruppe, nach vorsichtiger Entfernung der überzähligen vierten Pflanze, zur Kontrollgruppe degradiert. Nach 15tägiger Mesmerisierung hatte die AT-Gruppe aufgeholt, nach vier Wochen zeigten sich die ersten Blüten, die schon wieder verwelkt waren, als die Kontrollpflanzen erst Knospen ansetzten. Mehrmals im Verlaufe des Versuchs wurden Blattproben entnommen und getrocknet. Die Blätter der mesmerisierten Kürbispflanzen maßen 20 Zentimeter vom Stengelansatz bis zur Blattspitze, waren dick und tiefgrün und zeichneten sich durch außergewöhnlich hervortretende Blattadern aus. Die Blätter der Kontrollpflanzen erreichten nur 14 Zentimeter Länge, waren vergleichsweise unterentwickelt und nur schwach geädert. Auch bei den am 174. Tag geernteten Früchten wurden entsprechend starke Größen- und Qualitätsunterschiede festgestellt.

Die Besonderheit dieses Versuchs lag in der nie zuvor ausprobierten Vertauschung von behandelten Pflanzen und Kontrollpflanzen im Laufe des Experimentes. Es widerlegte endgültig die von Gegnern immer wieder vorgebrachte These von der instinktiven, unbewußten Bevorzugung der jeweils kräftigsten Samen für die Versuchsgruppe. Das Experiment wurde übrigens mit gleichem Erfolg mit verschiedenen anderen Samen − wie zum Beispiel Radieschen (Rettichen) oder Brunnenkresse − wiederholt, und alle Experimentatoren waren sich darüber einig, daß das Gemüse nicht nur üppiger wuchs, sondern auch einen besonders aromatischen Geruch verströmte und viel besser schmeckte.

Lafontaine und Bertholet haben mit ihren streng überwachten Experimenten auf die Existenz einer bisher unbekannten Kraft aufmerksam gemacht, die von den Händen der Heiler und Magnetiseure ausgeht oder von ihnen mobilisiert wird. Die medizinische Wissenschaft aber stellte sich taub, und da diese Entdeckungen nicht widerlegt werden konnten, wurden sie einfach totgeschwiegen. Trotz der Unanfechtbarkeit der erbrachten Beweise blieb dieses Gebiet lange Jahre wissenschaftliches Ödland. Erst Dr. Grad und seinen Kollegen gelang es, von den sogenannten Fachleuten ernst genommen zu werden, und heute bemühen sich Latoratorien auf der ganzen Welt um die Beantwortung dieser allzulang verdrängten Fragen.

Angeregt durch Dr. Grads Untersuchungen begann

Schwester Justa Smith, Enzymologin und Leiterin der chemischen Abteilung am Rosary Hill College in Buffalo, im Jahre 1967 eine Serie von Versuchen mit Estebany. Sie wollte die Wirkung seiner Handauflegungen auf Enzyme, die Katalysatoren oder „Gehirne" der Zellen, erforschen. Bei der Arbeit an ihrer Dissertation hatte Schwester Justa die Entdeckung gemacht, daß ein starkes Magnetfeld die Enzymtätigkeit verstärkt, während Bestrahlung mit ultraviolettem Licht die Enzyme beschädigt und ihre Aktivität verlangsamt.

In ihrem mit einer halben Million Dollar dotierten biochemischen Laboratorium wurden täglich Lösungen des Enzyms Trypsin präpariert und auf vier verschlossene Phiolen verteilt. Die Versuchsanordnung war folgende: Die Kontrollphiole wurde im Normalzustand belassen, man glich nur zu gegebener Zeit die Wärme von Estabanys Händen durch künstliche Temperaturerhöhung aus; eine Phiole hielt Estebany fünfundsiebzig Minuten lang zwischen den Händen, wobei alle fünfzehn Minuten mittels einer Pipette eine Probe entnommen und genauestens auf Veränderungen in der Aktivität der Enzyme geprüft wurde. Die dritte Phiole enthielt durch Ultraviolettbestrahlung geschädigte Enzyme – ein Eingriff, der ihre Aktivität um achtundsechzig bis achtzig Prozent herabsetzt –, die in gleicher Weise von Estebany behandelt wurden. Die vierte Phiole setzte man einem Magnetfeld mit einer Stärke von achttausend bis dreizehntausend Gauß aus (die magnetische Feldstärke der Erde beträgt weniger als ein Gauß!).

Diese Versuche wurden vier Wochen lang täglich durchgeführt, und beim abschließenden Vergleich aller

Ergebnisse stellte Schwester Justa eine signifikante Aktivitätssteigerung der von Estebany behandelten Enzyme gegenüber der Kontrollgruppe fest. Das seiner Neuheit wegen interessanteste Resultat aber ergab sich aus dem Vergleich mit der vierten Gruppe: Ein Magnetfeld mit einer Stärke von dreizehntausend Gauß erreichte in etwa den Wirkungsgrad von Estebanys Händen!

Beruht die unerklärliche Beschleunigung des Heilprozesses durch Magnetiseure auf dieser gesteigerten Aktivität der Enzyme unter dem Einfluß eines starken Magnetfeldes oder auf der Einwirkung von Estebanys Händen? Diese Frage kann auch Schwester Justa nicht beantworten. Die Kraft, die die Heilung hervorruft, scheint der eines Magnetfeldes ähnlich zu sein. Was aber einzelne Menschen dazu befähigt, dieses Kraftfeld aufzubauen, bleibt nach wie vor ein ungelöstes Rätsel. Auch Schwester Justa ist der Ansicht, daß ihre Untersuchungen mehr Fragen aufwerfen als beantworten: „Obwohl Krankheit sich in Funktionsstörungen der Enzyme manifestiert, wissen wir doch weder, wodurch diese Funktionsstörungen eigentlich hervorgerufen werden, noch wodurch sie wieder behoben werden", schrieb sie 1968 (*Response*, II, 2, 1968).

Für Wissenschaftler gibt es keine endgültigen Antworten, bevor nicht alle alternativen Möglichkeiten erwogen und erprobt sind, aber unser Verständnis für die Welt jenseits der fünf Sinne ist durch Experimente wie die von Dr. Grad oder Schwester Justa doch in ungeahnter Weise erweitert worden. Wir wissen nun, daß die einzelnen Körperzellen eine Autonomie besitzen, die von den bisherigen physiologischen Theorien total unterschätzt worden ist. Möglicherweise sind wir Menschen also viel sensibler – und Einflüssen von außen daher viel stärker ausgesetzt –, als wir das je vermutet hätten.

Der berühmte Seher Edgar Cayce sagte einmal vor vielen Jahren im Verlauf einer Trance-Session: „Denn jede Heilung, gleichgültig ob geistig oder physisch, erweckt in jedem Atom des Körpers, in jedem Reflex der Gehirnströme von neuem das Bewußtsein des Göttlichen, des geistigen Ursprungs, das jedem Atom, jeder Körperzelle innewohnt."

1961 versuchten Dr. Eugene Holleran und seine Assistenten vergebens zu definieren, worin Estebanys Energie besteht und woher sie kommt. Estebany selbst erklärte es der Autorin des vorliegenden Buches einmal folgendermaßen: „Aus den Entdeckungen einiger Wissenschaftler, mit denen ich zusammengearbeitet habe, geht hervor, daß die Übertragung der magnetischen Energie von jemandem wie mir auf ein anderes Individuum einer Bluttransfusion vergleichbar ist. Diese Energie nimmt jedoch weder durch häufige Anwendung ab noch wird sie im Alter schwächer. Bis an sein Lebensende schöpft der Heiler aus einer nie versiegenden Quelle der Kraft. Wie die chemische Zusammensetzung dieser Kraft aussieht, ist bis heute ungeklärt; bewiesen ist nur, daß sie dem elektromagnetischen Kraftfeld ähnlich ist. Ich persönlich glaube, daß diese Energie die Selbstheilungskräfte des Organismus anregt. Ob allerdings mein Blut, meine Enzyme oder mein Nervensystem diese Kraft ausstrahlen, oder ob die Vereinigung meines Kraftfeldes mit dem des Patienten (Pflanze, Tier oder

Mensch) die Gesundung bewirkt, wissen wir noch nicht. Für mich ist Heilen ein Akt der Nächstenliebe, es ist mir ein inneres Bedürfnis, anderen zu helfen."

Schwester Justa Smith ist jetzt Forschungsleiterin am Human Dimensions Institute (HDI) in Rosary Hill. Das Hauptziel dieser Institution ist die Erforschung des „inneren Zusammenhangs von physischen, emotionalen, mentalen und geistigen Energiesystemen." „Das verlangt von uns", sagte Mrs. Jeane Pontius Rindge, die Direktorin des HDI, „endlich ganzheitlich zu denken und unser eigenes individuelles Energiesystem in seiner Abhängigkeit vom Zusammenspiel aller anderen Energiesysteme unserer Umwelt zu betrachten."

In den ersten fünf Jahren seit seiner Gründung zogen die Seminare und Vorlesungen am New Age Centre mehr als achtzehntausend Hörer an, und unter Schwester Justas Leitung wird das wissenschaftliche Forschungsprogramm ausgeweitet und intensiviert. Unterstützt von der Parapsychology Foundation erforscht sie die noch unbekannten Kraftreserven des Menschen. Durch Blutuntersuchungen hofft sie zum Beispiel eine Veränderung in der Aktivität der Enzyme im Blut des Heilers während der Übertragung heilender Energie festzustellen. Auch die orthodoxe Medizin ist ja bis heute nur in ihren Wirkungen, keineswegs aber in ihren Ursachen erforscht; sollte es gelingen, die Funktionsmechanismen unorthodoxer Heilmethoden aufzudecken, so wäre eines der tiefsten Geheimnisse des Lebens enthüllt.

Der bekannte Parapsychologe Professor Douglas Dean führt am HDI ein Projekt zur Erforschung der Wirkungen von ESP (*extrasensory perception* = außersinnliche Wahrnehmung) auf Pflanzen durch. Um ihre prä-kognitiven Fähigkeiten zu testen, müssen die Studenten vorerst versuchen vorauszusagen, welche Lochkarten-nummern der Zufallsgenerator ausspucken wird; als nächstes drückt man ihnen einen Blumentopf und einige Gerstenkörner in die Hand, und dann müssen sie versu-chen, durch Konzentration die Pflanzen möglichst rasch zum Wachsen zu bringen. Professor Dean hat nämlich festgestellt, daß die Studenten mit der höchsten ESP-Punktezahl auch die besten „Gärtner" sind.

4

Reagieren Pflanzen auf Musik?

Seit jeher ist die Musik eines der größten Vergnügen, eine Freudenspenderin des Menschen. Sie bewegt seine Seele tiefer als jede andere Kunstform – doch auch andere Organismen erliegen ihrem Zauber: Pflanzen lieben Musik und gedeihen besser unter ihrem Einfluß.

Zwischen 1968 und 1971 wurde am Temple Buell College in Denver eine Reihe von Blumen und Grünpflanzen einer Art Musik-Kur unterzogen. Aus den unwahrscheinlichen Wachstumsunterschieden mußte man schließen, daß auch Pflanzen, nicht anders als wir, ihre besonderen Vorlieben und Aversionen auf diesem Gebiet haben.

Mrs. Dorothy Retallack – achtundvierzig Jahre alt, Mutter, Großmutter, Mezzosopransängerin und Studentin – entschied sich für die Untersuchung der Effekte von Musik auf das Pflanzenwachstum als Thema für eine Seminararbeit in Biologie. Francis F. Broman, ihr Biologieprofessor, war zunächst alles andere als begeistert über diese Idee, und die Mitstudenten bogen sich vor Lachen. Mrs. Retallack aber ließ sich nicht entmutigen, und ihre Resultate waren dann so eindrucksvoll, daß auch alle anderen sich für ihre Arbeit interessierten.

Unter Professor Bromans Aufsicht wurden alle Experimente unter genau kontrollierten Bedingungen ausgeführt, um jeden Verdacht eines Schwindels auszuschließen. Fünf verschiedene Samen gewöhnlicher Garten- und Zimmerpflanzen wurden in mit gleicher Erde gefüllte Töpfe gesät und in Räume gestellt, in denen die Licht-, Luft- und Temperaturverhältnisse automatisch reguliert wurden. Jeder der Räume war mit einem Lautsprecher ausgestattet.

Zunächst „verfütterte" Mrs. Retallack den Pflanzen bloß Klaviertöne. Für die erste Gruppe erklang zwölf Stunden täglich erst fünf Minuten lang B-Dur und D-Dur, dann fünf Minuten Pause, und so weiter. Die anderen hörten acht Stunden täglich nur das F, ebenfalls mit fünfminütigen Pausen, und die dritte Gruppe hörte täglich drei Stunden lang ununterbrochen F-Töne.

Innerhalb von drei Wochen waren die ersten beiden Gruppen mit allen Anzeichen größter Irritation eingegangen. Verzweifelt hatten sie versucht, vom Lautsprecher „wegzuwachsen". Die dritte Gruppe überlebte und wuchs danach weiter.

Beim nächsten Versuch wurde Radiomusik eingeschaltet. Eine Gruppe wurde mit Rockmusik berieselt, die zweite mit gehobener Unterhaltungsmusik und Hymnen – beides in gleicher Lautstärke –, und die dritte, die Kontrollgruppe, blieb ohne Musik.

Nach einer Woche waren die der Rockmusik ausgesetzten Petunien ohne eine einzige Knospe, die der Hymnen-Gruppe hatten bereits sechs Blüten. Nach zwei Wochen wuchsen die „Rock"-Pflanzen vom Radioapparat weg und wiesen deutliche Wachstumsstörungen auf, nach einem Monat gingen sie ganz ein (Abb. 17). Die sanfte Musik dagegen zog die Pflanzen in Richtung des Lautsprechers und beschleunigte ihr Wachstum im Vergleich zur Kontrollgruppe.

Obwohl sie es mit eigenen Augen gesehen hatten, nahmen die meisten Studenten das Phänomen nicht ernst; einige schrieben es den Vibrationen der Schallwellen zu, andere wieder meinten, daß die Stimmen der Radiosprecher für die Veränderungen verantwortlich seien. Um herauszufinden, ob einer dieser Einwände wirklich stichhaltig sei, startete Professor Bromann einen Versuch, der all diese potentiellen Störungen ausschloß: diesmal wurde Tonbandmusik gespielt. Und wieder wirkte die Rockmusik tödlich, die melodiöse Musik aber belebend.

Ein anderer Einwand war, daß vielleicht Mrs. Retallacks Emotionen die Versuchsergebnisse beeinflußten, da sie bis dahin die einzige Pflegeperson gewesen war. Also wurde eine Hilfskraft zur Betreuung der Pflanzen und Wartung der Tonbänder angeheuert, die über die Zielsetzung der laufenden Experimente keine Ahnung hatte.

Das „Empire"-Magazin der *Denver Post* machte eine Reportage über den Verlauf des Experiments und fotografierte die einzelnen Stadien der Veränderung.

Im Jahr darauf veröffentlichte Mrs. Retallack einen Artikel über die Resultate ihrer Untersuchungen und verglich darin das gestörte Verhalten der Pflanzen mit dem eines Großteils der jungen Leute, die sich tagaus, tagein ohrenbetäubender Rockmusik aussetzen. Ihr Nervensystem sei wahrscheinlich in ähnlicher Weise geschädigt und, so schloß die Autorin, vielleicht ließe sich beweisen, daß Lärm die eigentliche Ursache des Erschöpfungszustandes unserer Gesellschaft ist.

Fest entschlossen, auf diesem Gebiet weiterzuarbeiten, setzte sie ihre Versuche noch ein Jahr lang fort und gelangte in allen Fällen zu demselben Ergebnis. Laute, dissonante Klänge verursachten Welken und Absterben, sanfte Klänge wie Ravi Shankars indische Sitar-Musik, Bach oder Hymnen förderten Blühen und Gedeihen. Das Magazin *Empire* fotografierte die einzelnen Stadien. Kletterpflanzen wie der Blaue Windling verlernten nicht nur das Klettern, sondern zogen sich sterbend auf die dem Lautsprecher abgewandte Seite des Topfes zurück, Maishalme krümmten sich, Bohnen verkümmerten (Abb. 18 und 19). Auch ein Film wurde gedreht, der die Verkümmerung der „Rock"-Pflanzen in einem Winkel von sechzig Grad zeigte und zum Vergleich dazu die vor Gesundheit strotzenden, hochaufgeschossenen Bohnen, die mit Bach und anderer klassischer Musik aufgezogen worden waren. Bei Messungen der Höhe und Wurzellänge mußten die Experimentatoren jedoch feststellen, daß die Kontrollpflanzen alle anderen um acht Zentimeter übertrafen und besonders buschige Wurzeln aufwiesen (Abb 19).

Allem Anschein nach bewahrheitete sich das Sprichwort, wonach „Schweigen Gold ist", doch blieb dieses Ergebnis ein einmaliger Fall, der weder vorher noch nachher beobachtet wurde. Eine Fotoserie von *Empire* zeigt mit Kirchenmusik berieselte Bohnenpflanzen, die den Lautsprechern entgegenwachsen, als wollten sie sie umarmen. Ihre Höhe übertraf die der in der Stille gezogenen Kontrollpflanzen um etwa fünf Zentimeter. „Das

Faszinierendste", sagte Mrs. Retallack in einem Interview für *Empire*, „ist nicht die destruktive Wirkung von Rockmusik, sondern der positive Effekt von sanfter Musik. Die ohne Musik gezogenen Pflanzen waren zwar stark und gesund, aber weniger saftig und grün und nicht so stark verwurzelt wie die Pflanzen, die drei Wochen lang eine tägliche Zusatzration melodiöser Musik erhalten hatten."

Das Thema, das Mrs. Retallack so sehr fasziniert, erfreut sich auch bei ernsthaften Wissenschaftlern ständig steigender Anerkennung. Mrs. Retallack arbeitet daran nun außerhalb der Mauern von Temple Buells weiter, und wenn ihre Methoden auch nicht streng wissenschaftlich zu nennen sind, so haben ihre Ergebnisse aus zwanzig Versuchsreihen immerhin den eindeutigen Beweis erbracht, daß Pflanzen auf Musik reagieren. Wäre es möglich, daß Pflanzen ein Gehör haben?

Nach Cleve Backsters Ansicht reagieren die Pflanzen auf Mrs. Retallacks Gefühle. Dr. Dale Kretchman, Gartenbauprofessor an der Ohio Agriculture Experiment Station in Wooster dagegen ist der Meinung, daß Schallwellen von hoher Frequenz Zellen beziehungsweise deren Wachstumsregulatoren verändern. Dr. George Milstein, ein ehemaliger Zahnarzt und erfahrener Botaniker, testete Dr. Kretchmans Theorie unter Laboratoriumsbedingungen und stellte fest, daß Musik ohne Zweifel das Wachstum der Pflanzen beschleunigt. Eine Pflanze, die normalerweise erst nach zwei Jahren blüht, setzte mit Hilfe seiner Musikbehandlung innerhalb von sechs Monaten Blüten an. Seine Theorie scheint mit der Dr. Kretchmans übereinzustimmen: „Ich glaube, daß bestimmte Schallwellen die Pflanzen dazu anregen, ihre Poren länger und weiter offen zu halten, was ihren Stoffwechsel und damit auch ihr Wachstum beschleunigt."

Daß Pflanzen auf Musik reagieren, ist in Indien nichts Neues mehr, sondern uralte Tradition, die in der klassischen indischen Literatur überliefert ist. Dr. T. C. N. Singh von der Annamalai-Universität in Südindien entschloß sich eines Tages, die Behauptungen der alten Märchen mit wissenschaftlichen Methoden zu überprüfen.

Seine ersten Ergebnisse aus dem Jahr 1950 zeigten am Beispiel der Mimose, dieser berühmt sensiblen Pflanze, die schon Darwin und Bose unwiderstehlich in ihren Bann gezogen hatte, daß Musik sowohl die Höhe des Strauchs als auch die Größe und Fülle seiner Blätter positiv beeinflußte. Dr. Singh kannte und schätzte das Werk seines großen Landsmannes Bose und konnte sich keine schönere Aufgabe vorstellen als die weitere Erforschung der verborgenen Geheimnisse des Pflanzenreiches, die Bose visionär erfaßt und interpretiert hatte.

Sein erster Programmpunkt war die Untersuchung der Wirkung von Musik auf Saatgut. Die Experimente waren ein voller Erfolg: die Samen keimten in einem Drittel der Zeitspanne, die sie normalerweise brauchen. Mit der Zielsetzung, seine Ergebnisse zu optimieren, probierte er verschiedenste Dosierungen aus. Eine Überdosis Musik, stellte er beispielsweise fest, konnte mehr Schaden anrichten als Nutzen bringen — plötzlich welkten die Pflanzen. Er entdeckte aber auch, daß eine bestimmte Melodie, täglich zu einer bestimmten Tages-zeit gespielt, auf das Wachstum besonders anregend wirkte. Am erfolgreichsten waren klassische indische Melodien, auf Flöten oder Violinen gespielt; ein allge-meines Gesetz aufzustellen war aber unmöglich, da jede Pflanze ihre besonderen Lieblingsmelodien zu haben schien!

Die Mikroskop-Experimente wurden am frühen Mor-gen und Abend durchgeführt, zu einer Zeit, da erfah-rungsgemäß das Protoplasma in den Pflanzenzellen seine Aktivität verlangsamt. Eine dreißig Minuten lang in zwei Meter Entfernung angeschlagene Stimmgabel beschleunigte den Protoplasmastrom zur üblicherweise „toten Zeit" um sechs Uhr morgens auf eine Geschwin-digkeit, die er sonst sogar tagsüber nicht erreichte.

„Die Macht der Töne", sagt Dr. Singh, „ist kein Mythos; es handelt sich hier offensichtlich um ein defi-nierbares, meßbares physikalisches Phänomen, dessen Wirkung der des Lichtes und der Wärme vergleichbar ist, die für den Stoffwechsel und das Wachstum der Pflanzen bekanntlich entscheidend sind." Musik steigert die Sauerstoffabgabe um sechzig bis hundert Prozent. Proportional dazu steigt natürlich der Stickstoffumsatz der Pflanze, und das führt zu verstärktem Wachstum, früherer Blütezeit und höheren Erträgen.

Nach vielen Jahren des Experimentierens gelangten Dr. Singh und seine Mitarbeiterin Mrs. Stella Ponniah, eine Absolventin der Musikakademie und Wissenschaft-lerin, zu dem Schluß, daß wiederholte Stimulierungen durch Musik vorteilhafte Veränderungen in den Chro-mosomen der Pflanzenzelle hervorzubringen vermag.

Das bedeutet nun nicht weniger, als daß durch Musik stimulierte Pflanzen ihre verbesserten Wachstumseigenschaften an ihre Nachkommenschaft vererben können – und tatsächlich wurden solche Fälle bei Mimosen beobachtet.

Bei Freilandexperimenten wurden an mehreren strategischen Punkten Lautsprecher aufgestellt, und über eine Zeitspanne von drei bis vier Wochen wurde täglich kurz Tonbandmusik gesendet. Ob Reis, Zuckerrohr, Kartoffeln, Zwiebeln oder Knoblauch – die Ernteerträge wiesen Steigerungsraten zwischen achtundvierzig und sechzig Prozent auf.

Im Jahre 1958 begann sich die Landwirtschaftsabteilung des indischen Staates Pondicherry für Singhs Methode zu interessieren und sie in größerem Maßstab anzuwenden. Die Ergebnisse übertrafen alle Erwartungen der Verantwortlichen: die Ernteerträge (Reis, Zuckerrohr und Tapioka) stiegen um achtundzwanzig bis einundsechzig Prozent, die Strohausbeute sogar um fünfundsiebzig Prozent! Seither gilt Dr. Singh als einer der eminentesten wissenschaftlichen Berater des Landwirtschaftsministeriums in Neu-Delhi.

Ein Großteil der sogenannten Experten bezeichnete Dr. Singhs Arbeitsweise als absolut unwissenschaftlich. Auch Dr. Pearl Weinberger, Botanikerin und Professorin für Biologie an der Universität von Ottawa gab in einem Interview mit der Zeitschrift *Mclean* zu, sie habe ein Lachen nicht verbeißen können, als sie 1959 zum erstenmal über Dr. Singhs Experimente las. Als im Prinzip unvoreingenommene Wissenschaftlerin ließ sie es dabei jedoch nicht bewenden, sondern beschloß, seine

Theorie genauer zu analysieren. Ihrer Ansicht nach war diese Theorie nur dann haltbar, wenn sich eine spezifische Wirkung von Schallwellen auf pflanzliche Organismen nachweisen ließ; der Terminus Musik war ein unwissenschaftlicher Pauschalbegriff.

In dem modern ausgestatteten Laboratorium der Universität begann sie ihr Experiment mit zwei Weizensorten. Durch systematische Untersuchungen fand sie heraus, daß es tatsächlich einen ganz bestimmten Tonhöhekoeffizienten gibt, der die Wachstumsraten sprunghaft hochschnellen läßt. Pflanzen, denen man diesen hohen Ton vorgespielt hatte, wuchsen um das Dreifache!

Am 15. Mai 1973 brachte das *Ottawa Journal* einen Bericht über Dr. Weinbergers Experimente. Salatpflanzen, die täglich einer zehnminütigen Ultraschallbehandlung ausgesetzt werden, keimen und wachsen bedeutend besser als unter identischen Bedingungen, aber ohne Ultraschall gezogene Pflänzchen (Abb. 20). Im Augenblick bemüht Dr. Weinberger sich um die Patentierung ihrer Methode für die kommerzielle Nutzung.

Die Wissenschaftlerin glaubt nicht, daß Schallbehandlung das Wohlbefinden der Pflanzen im Sinne emotioneller Reaktion beeinflußt, sondern erklärt das verstärkte Wachstum damit, daß Schall die Durchlässigkeit der Zellmembranen verändert, und daß die Phosphoraufnahme aus dem Boden dadurch beschleunigt wird.

1960 kam die Kunde von Dr. Singhs Entdeckung einem Wissenschaftler des Forschungsteams der Mangelsdorf Seed Company in St. Louis, George E. Smith, zu Ohren, und dieser beschloß, auf den Feldern seiner Versuchsanstalt in Illinois die Methoden des Inders zu testen. In zwei Gewächshäusern mit gleicher Bodenbeschaffenheit, gleicher Temperatur und gleichem Feuchtigkeitsgrad legte er mehrere Beete mit Mais- und Sojasaat an. Eines der Glashäuser diente zur Kontrolle, im anderen ließ Smith täglich vierundzwanzig Stunden lang ununterbrochen Gershwins „Rhapsody in Blue" spielen. Nach zwanzig Tagen stellte er, der ohne große Erwartungen an das Experiment herangegangen war, zu seinem freudigen Erstaunen fest, daß die mit Gershwin-Musik berieselte Gruppe weiter entwickelt und dichter war als die Kontrollgruppe. Aus jedem Beet schnitt er zehn Pflanzen knapp über dem Boden ab und wog sie auf einer Apothekerwaage: die musikbehandelten Maispflanzen wogen 40,2 Gramm, die Kontrollpflanzen aber nur 28 Gramm. Bei den Sojakeimen war das Verhältnis weniger kraß, aber nicht enttäuschend: 31 Gramm zu 24,5 Gramm.

Der Erfolg ermutigte Smith zu einem Freilandexperiment. Im Mai des folgenden Jahres legte er in einigem Abstand voneinander zehnreihige Beete an, in die er zwei verschiedene Kornarten, eine ein- und eine mehrjährige, säte. Die Hälfte der Beete wurde über einen Lautsprecher, der an einem Telefonleitungsmast befestigt und an ein Tonband im Inneren des Wirtschaftsgebäudes angeschlossen war, mit Musik berieselt. Diesmal hatte sich Smith für gemischte Kost entschieden: er begann mit der bewährten „Rhapsody in Blue", schaltete, sobald die Keimungsphase abgeschlossen war, um auf einen Hochzeitsmarsch, der sinnreicherweise Bestäubung und Befruchtung begleitete, dann kurze Zeit auf Popmusik und beschloß das Programm zur Reifezeit des Korns mit „Silver Threads Among the Gold" (Silberfäden im Goldhaar). Die Pflanzen in Reichweite des Lautsprechers keimten zwölf Stunden früher, wuchsen ganz allgemein rascher, reiften drei Tage früher und brachten einen Ertrag von 137,5 Scheffel pro Morgen (1 Scheffel = 36,35 Liter, 1 Morgen = 40,47 Ar). Der Ernteertrag vom Kontrollfeld betrug dagegen nur 116,7 Scheffel pro Morgen, ein Unterschied, der sich auf dem Bankkonto jedes Bauern fühlbar bemerkbar machen würde.

Erstaunt über den durchschlagenden Erfolg seiner Musiktherapie suchte der rational denkende Smith nach einer wissenschaftlichen Erklärung für dieses sonderbare Phänomen und kam dabei auf den Gedanken, daß durch die Musik vielleicht die Bodentemperatur erhöht würde. Es ist eine allgemein bekannte physikalische Tatsache, daß Schall in Wärme umgewandelt werden kann, und so steckte Smith im darauffolgenden Jahr Thermometer in den Ackerboden, die er regelmäßig kontrollierte. Er fand heraus, daß sich im Feld um den Lautsprecher die Bodentemperatur um zwei Grad erhöhte. Eine andere Entdeckung, die er im Laufe dieses Versuches machte, war, daß die Blätter direkt vor dem Lautsprecher von den Schallwellen vernichtet wurden.

Im Jahr darauf wiederholte er das Experiment. Diesmal legte er vier Beete nebeneinander an. Das erste kam in den Genuß der vorher beschriebenen bewährten Musiktherapie, das zweite diente als Kontrollbeet, für das dritte wurde ein durchgehender hoher Ton von eintausendachthundert Schwingungen pro Sekunde gewählt, und für das vierte ein sehr tiefer von vierhundertfünfzig Schwingungen pro Sekunde.

Die Ernteergebnisse sahen folgendermaßen aus:

	Anzahl der Ähren	Scheffel pro Morgen
1. Gruppe (ohne Musik)	269	171,3
2. Gruppe (mit Musik)	287	186,1
3. Gruppe (hoher Ton)	300	197,8
4. Gruppe (tiefer Ton)	328	200,9

Als gediegener Botaniker spinnt Mr. Smith keine hochtrabenden Theorien, sondern experimentiert weiter. Daß Pflanzen Musikliebhaber seien, erschien ihm ausgesprochen unglaubwürdig. Schallwellen sind eine Form von Energie, und wie jede Energie, hat auch diese eine bestimmte Auswirkung auf lebende Zellen – eine andere Erklärung konnte es nicht geben. Im Mai 1963 sagte er in einem Interview mit der Zeitschrift *Popular Mechanics*: „Es ist eine Erfahrungstatsache, daß Schallwellen Zellen zerstören können. Energie kann aber auch andere Auswirkungen haben, Auswirkungen positiver Natur, über die wir nur nichts wissen. Und dann gibt es natürlich noch die Möglichkeit, daß Schallenergie die Aktivität der Mikroorganismen im Boden beschleunigt, was letztlich der Grund für die von mir beobachtete Erhöhung der Bodentemperatur sein könnte. Andere Experimente haben gezeigt, daß eine kurze, intensive Bestrahlung mit Lichtenergie eine Pflanze ‚aufwecken' kann, so daß sie nachher sogar im Dunkeln weiterwächst. Das bezieht sich natürlich nicht direkt auf meine Experimente, aber es zeigt ganz allgemein, daß plötzliche Energiestöße einzigartige Effekte hervorrufen können, von deren Tragweite wir keine Ahnung haben."

Wissenschaftler der Universität von Illinois dagegen konnten sich absolut nicht erklären, wieso Schallwellen von geringer Intensität meßbare Auswirkungen auf Pflanzen haben sollten. Die zerstörerische Wirkung von Hochfrequenzwellen auf Pflanzenwellen erschien ihnen ohne weiters plausibel, nicht aber die anregende Wirkung von Musik auf Pflanzenwachstum, Bodentemperatur oder Bodenflora. Ihre eigenen Experimente auf dem Gebiet brachten auch kein einziges signifikantes Ergebnis: Ihre Versuchspflanzen keimten nicht früher, hatten weder längere Wurzeln noch kräftigere Triebe und brachten auch keine höheren Erträge. Mehrere Versuchsstationen in aller Welt bestätigten diese negativen Ergebnisse.

Von Mr. Smith dagegen kam die Nachricht, daß seine Versuchspflanzen inzwischen, nach dreijähriger Musiktherapie, überdurchschnittlich viele Ähren pro Halm produzieren. Er kann nicht beschwören, daß dieser Erfolg einzig und allein den Schallwellen zuzuschreiben ist, doch was immer die eigentliche Ursache sein mag – ihm hat die Musik Gewinn gebracht.

5

Können Pflanzen denken?

In seinem publizierten Forschungsbericht „Beweise primärer Wahrnehmung bei Pflanzen" behauptete Cleve Backster: „Es gibt eine bisher undefinierte primäre Wahrnehmung pflanzlicher Lebewesen. Das Absterben tierischen Lebens kann als äußeres Stimulans dienen, um diese Wahrnehmungsfähigkeit zu demonstrieren, und zwar unabhängig von menschlicher Beeinflussung." Die besondere Natur dieses Kommunikationsweges vermag Backster ebensowenig zu definieren wie alle anderen, doch glaubt er mit Sicherheit sagen zu können, daß er außerhalb der bekannten AM- oder FM-Bänder und aller anderen mit elektronischen Standardgeräten empfangbaren Frequenzen liegt. Erst in einem bestimmten Stadium des Kontaktierungsprozesses werden diese Signale in meßbare elektrische Impulse umgewandelt.

In ihrem Labyrinth von zu hochspezialisierten Laboratorien ausgebauten Büroräumen haben Backster und seine Assistenten in minuziöser Kleinarbeit Beweise dafür gesammelt, daß ein „zellulares Bewußtsein" in allen Formen des Lebens bis hinab zu Amöbe und Spermium feststellbar ist. Wie rudimentär dieses Bewußtsein auch sein mag – es ist so etwas wie ein Verstand oder eine Seele vorhanden.

Backster ist ein Kenner der östlichen Philosophie und der darin von alters her vertretenen Theorie von einer Raum und Zeit überwindenden Kommunikationsmöglichkeit. Einige seiner Pflanzenversuche – wie etwa der mit der „Herzschlagmessung" an Versuchsperson und Pflanze – sind fraglos Zeugnisse für diese Theorie. Um sie beweisen zu können, hofft er, die Raumforschung für seine Experimente zu interessieren und damit die Möglichkeit zu erhalten, einen Pflanzenpolygraphen in den Weltraum zu schicken. Eine mit der Pflanze emotionell verbundene Person würde in der Bodenstation in Houston versuchen, der Pflanze im Raumschiff ihre Gefühlsregungen zu übermitteln. Backster ist der Ansicht, daß die Signalübertragung zum Polygraphen im Raumschiff und wieder zurück zum Empfangsgerät in Houston nur etwa die Hälfte der normalerweise berechneten Sendezeit brauchen würde, was ein unumstößlicher Beweis für die Existenz der Raum und Zeit überwindenden Kommunikation wäre, eines Phänomens, das, wie erwähnt, außerhalb des bisher bekannten elektromagnetischen Spektrums auftritt.

Zur Wahrnehmungsfähigkeit eines pflanzlichen Organismus gehört bis zu einem gewissen Grad auch die Fähigkeit zu überlegen, „nachzudenken". Ein Beispiel dafür war die Reaktion einer Pflanze auf wiederholte unausgeführte Drohungen: Sie schien allmählich zu *schließen*, daß an der Sache nichts dran war, und stellte ihre Schreckensregungen nach einigen Versuchen ein. Außerdem fand Backster heraus, daß Pflanzen sich an Traumata zu *gewöhnen* scheinen. Bei öfterer Wiederholung des Meerkrebs-Guillotine-Experiments „stumpfte" die

Versuchspflanze „ab", und man mußte sie für weitere Tests durch eine neue, „unerfahrene" ersetzen. Der vom Polygraphen aufgezeichnete Kurvenverlauf ließ darauf schließen, daß die Pflanze mit der Zeit *realisierte*, daß das Todessignal für sie selbst keine Gefahr bedeutete.

Was Backsters Neugier am stärksten entfacht hatte, war das Experiment „Mord am Philodendron". Der pflanzliche Zeuge mußte sich den „Mörder" *gemerkt* haben, um ihn wiedererkennen zu können. Um das damals entdeckte Gedächtnis der Pflanzen weiter zu erforschen, wendete Backster all seinen Erfindungsreichtum auf. Nach dem Vorbild des berühmten russischen Forschers Pawlow, dem Entdecker des bedingten Reflexes, begann er mit einer Serie von „Licht-Belohnungs-Experimenten", um herauszufinden, ob Pflanzen lernfähig sind.

Er bepflanzte sechs Töpfe mit sowohl untereinander als auch von der eigentlichen Versuchspflanze verschiedenen Pflänzchen. Die Töpfe wurden mit Drähten an einer Art Laufschiene befestigt; die Drähte, durch ein Flaschenzugsystem bewegt, liefen an der Decke der Vorhalle entlang bis in einen verdunkelten Raum, in dem die Versuchspflanze stand. Für diese war eine der sechs zur „Zielpflanze" bestimmt worden. Eine lichtleitende Elektrode wurde an Pflanze und Polygraph angeschlossen. Nun ließ Backster die sechs Pflanzentöpfe über der im Dunkel stehenden Versuchspflanze vorbeifahren; in dem Augenblick, da sich die „Zielpflanze" über ihr befand, wurde ein elektrischer Kontakt geschlossen, der den Raum in strahlendes Licht tauchte. Ziel dieses Versuchs war es, herauszufinden, ob die Pflanze die lichtauslösende „Zielpflanze" auch dann erkennt, wenn die „Lichtbelohnung" ausbleibt.

Backster lud mehrere Biologen als Zeugen dieser Versuche ein, und die Resultate waren so ermutigend, daß eine hohe Wahrscheinlichkeit für die Richtigkeit von Backsters Annahme besteht. Bevor nicht alle Zweifel beseitigt sind, zieht er es jedoch vor, seine Entdeckungen über das Gedächtnis der Pflanzen als „Beobachtungen" zu klassifizieren. „Aufgrund meiner Beobachtungen", sagt er, „drängt sich mir der Verdacht auf, daß die einzelne Zelle der Sitz des Gedächtnisses ist, auch beim Menschen. Es ist sehr gut möglich, daß das Gehirn nur die Schaltstelle ist und nicht, wie wir bisher angenommen haben, das Speicherorgan der Erinnerung." Der neugewonnene Aspekt in ungeahnte Dimensionen der Genetik und der Zusammenhänge zwischen Leben und Materie könnte eine vollständige Umorientierung der medizinischen Forschung mit sich bringen.

1971 sagte Dr. Marcel Vogel in einer Vorlesung in Saratoga, Kalifornien: „Pflanzen haben eine meßbare Psyche; sie können denken, und einige Arten registrieren jede emotionelle Regung des Menschen." Dr. Vogel ist von der Richtigkeit seiner Aussagen überzeugt; er behauptet auch, mit derselben Leichtigkeit Pflanzen ihrer Persönlichkeit und Sensibilität nach einordnen zu können, wie ein Psychologe seine Patienten.

Dr. Vogel ist Forschungschemiker und Radiologe in IBM's größter Computerforschungsanlage in Los Gatos, Kalifornien, und stand Backsters Arbeit zunächst äußerst skeptisch gegenüber. Die Idee eines Zellbewußtseins ging über das hinaus, was sein wissenschaftlich geschulter Geist zu fassen vermochte. Als IBM Vogel 1969 beauftragte, einen dreimonatigen Kurs über Kreativität in der Technik abzuhalten, erschien ihm Backsters Krebs-Guillotine-Experiment als ideale Übungsaufgabe für diesen Zweck. Als die Pflanzen wider Erwarten tatsächlich auf seine Gedanken reagierten, verwandelte sich seine Skepsis mehr und mehr in Enthusiasmus. Er stellte fest, daß die Pflanze in seinem Laboratorium eine deutliche Reaktion zeigte, wenn er ihr ein Blatt abriß, kam nach öfterer Wiederholung dieses Versuchs jedoch darauf, daß sie nicht auf die Tat selbst, sondern schon auf den Gedanken, auf die Absicht, reagierte. Fasziniert von der kaum absehbaren Tragweite dieser Erkenntnis, vertiefte er sich in das Studium der Pflanzenphysiologie, der Psychologie und der Philosophie. Von Wissensdrang getrieben, entdeckte er die Werke großer Denker wie Spinoza, Darwin, Burbank und Bose, und bald darauf ging er sogar weiter als Backster.

Auch er widmet sich der Erforschung des „Übersinnlichen", wenn auch in anderer Weise als Backster. Er ist der Ansicht, daß Pflanzen telepathische Fähigkeiten besitzen, weil er oft genug seine und anderer Leute Gedanken mit größtem Erfolg auf gewöhnliche Zimmerpflanzen — wie zum Beispiel den Philodendron — übertragen hat. Er behauptete übrigens, daß der Philodendron mit den fiederteiligen Blättern die sensibelste und emotionellste aller Pflanzen ist. Dr. Vogel postuliert, daß die Kommunikationsfähigkeit alles Lebendigen auf der „Zellintelligenz" beruhe, daß es sich also nicht um Kommunikation durch Sprache handle, sondern um die grundlegende „Erkenntnisfähigkeit des Seins".

Mit derselben unermüdlichen Dickköpfigkeit, die er in die Lösung technischer Aufgaben setzt (er ist Inhaber zahlreicher Patente, unter anderem des Patents für den Original-Magnetbelag der bei allen IBM-Computern verwendeten Speicherelemente, für den er 1963 einen Preis erhielt), bewies er nun, daß die elektrische Reaktion, die an der Pflanze zu beobachten ist, von der Energie erzeugt wird, mit der der Mensch selber die Pflanze auflädt: die Lebensenergie des Menschen, *Prana* – der Atem des Lebens. „Du lädst die Pflanze auf, und wenn sie aufgeladen ist, spiegelt sie dich wider, nicht sich selbst. Sie wird zur Insel im Raum und sieht von da an nur noch dich, wird eins mit dir. Hast du die Verbindung mit der Pflanze einmal hergestellt, so spielt Entfernung keine Rolle mehr. Ich habe bei meinen bisherigen Experimenten mit Entfernungen bis zu hundertachtzig Kilometer gearbeitet, doch ich brauche nur an die Pflanze zu denken, und augenblicklich ist sie in Verbindung mit mir – oder ich mit ihr."

Auf die Frage der Autorin dieses Buchs, ob das auch bedeute, daß die Pflanze im voraus schon das Ziel seiner Experimente kenne und sich darauf einstelle, antwortete Dr. Vogel: „Ja, natürlich; die Pflanze wird zu einer Art Computer oder Roboter, der auf mein Programm reagiert. Sie liest meine innersten Gedanken, darin liegt das ganze Geheimnis."

Dr. Vogel hat sich selbst und andere darauf trainiert, seine beziehungsweise ihre Kraft in Pflanzen zu projizieren. Die Kommunikation stellt er her, indem er zwei rostfreie Stahlelektroden an ein dem Backster-Polygraphen ähnliches Gerät anschließt, das die Veränderungen des Widerstandes zwischen den beiden Elektroden mißt. Die Meßergebnisse werden automatisch auf Papierstreifen aufgezeichnet. Dann berührt er die Blätter und überprüft anhand des Schreibers, ob die Pflanze sich auf seine Anwesenheit eingestimmt hat. Wenn das geschehen ist, projiziert er aus etwa eineinhalb Meter Entfernung seine Vorstellung von perfektem Wachstum in die Pflanze, ein Muster an Vollkommenheit und Schönheit, das zu werden sie bestimmt ist. Nach diesem Ritual, das zwischen zwanzig und dreißig Minuten dauert, ist die Pflanze nach Dr. Vogels Ansicht sensibilisiert, das heißt, mit seiner Lebensenergie aufgeladen, und kann von diesem Moment an jederzeit in Wechselbeziehung mit ihm treten. Seine innere Kraft wird ab nun auf die Pflanze übertragen und von ihr gespeichert, die Pflanze und er sind „eins". In dem Maß, in dem seine Kraft in der Pflanze wächst, steigt ihre Kommunikationsfähigkeit; die Pflanze reagiert nun auf seine – und nur seine – Gedanken.

„Ich habe dasselbe mit drei meiner Kollegen bei IBM versucht, sie waren genauso dazu imstande wie ich. Wenn man weiß, worauf es ankommt, ist nichts Magisches oder ‚Geheimnisvolles' mehr an der Sache."

Das Know-how heißt: Liebe.

Liebe ist offensichtlich eine Energiequelle, von der auch die Pflanze profitiert, die sie aufnehmen, speichern und umsetzen kann. „Wenn ich mit einer Pflanze arbeite", sagt Dr. Vogel, „so bedeutet das mehr als einen gewöhnlichen Akt der Liebe, es kommt einem vollkommenen Verschmelzen mit der Pflanze gleich."

Unsere Gedanken, erklärte er, erzeugen eine Form

von elektrischer Energie, die von unserem Körper aus-
gestrahlt wird; und über eine Art „Bioelektrizität" verfügt auch das Protoplasma der Pflanzenzelle, was die
Übertragung ermöglicht. Definieren kann auch
Dr. Vogel diese Energie nicht, aber er kann zeigen, daß
die elektrischen Impulse, die der Mensch beim Denken
erzeugt, mit denen der Pflanze in Wechselbeziehung zu
treten vermögen.

Solange der Experimentator sich in Gedanken auf
etwas konzentriert, zeichnet der Polygraph bestimmte
Muster auf, die Dr. Vogel „Gedanken-Spektrogramme"
nennt, und die verschwinden, sobald diese Konzentration nachläßt. Doch die Pflanze kann noch mehr: mehrmals, sagt Dr. Vogel, sei es ihm gelungen, in seiner Vorstellung das Bild eines viele Kilometer entfernten Freun-
des heraufzubeschwören, worauf die Pflanze auf *dessen*
Gedanken zu reagieren begann.

Dies beweise nicht nur die Macht der Gedanken, sondern zeuge auch von einer wundersamen Verbundenheit
zwischen Mensch und Pflanze aufgrund der Fähigkeit zu
lieben, die beiden eigen sei. Liebe sei die stärkste Macht,
die es auf der Welt gibt, das einzige unumschränkte, weil
keiner Sprache bedürfende Kommunikationsmittel.
Wenn wir erst einmal lernten, ein so einfaches Wesen
wie eine Pflanze zu lieben, so könnten wir, glaubt
Dr. Vogel, unsere Liebesfähigkeit zu höheren Stufen wei-
terentwickeln und eines Tages endlich die Selbstsucht
überwinden, die die Liebe der Menschen zueinander bis
zur Unkenntlichkeit trübt. Er sagt auch, daß ihn die
Achtung vor Pflanzen Gott näher gebracht habe, da sie
ihm Einblick gewährte in die hochentwickelte, wenn

auch schwer durchschaubare organische Welt, die uns umgibt.

Mit der Pflanze als Lehrerin und Wegweiser hofft Dr. Vogel in Erfahrung zu bringen, ob und wie die Energie unserer Gedanken in den Weltraum hinausgestrahlt wird. Er glaubt an der Schwelle des Geheimnisses der telepathischen Gedankenübertragung zu stehen. Doch die Entzifferung der Informationen, die der Schreiber des Polygraphen getreulich aufzeichnet, wird noch viele Jahre intensivster Forschungsarbeit in Anspruch nehmen. Vielleicht wird man diese „Gedankenspektrogramme" beim Abspulen einmal lesen können, als handelte es sich um Worte.

Was als Hobby begonnen hatte, ist für Dr. Vogel inzwischen zur Lebensaufgabe geworden. Um seine Entdeckungen bekanntzumachen, hat er sich ins Schußfeld der Kritik begeben, seinen Ruf aufs Spiel gesetzt und auch seine Familie und seine Mitarbeiter Angriffen von allen Seiten ausgesetzt. „Wenn ich nicht felsenfest an das glaubte, was ich Ihnen eben erzählt habe, so hätte ich all das nie gewagt."

Jemand, der nie daran gezweifelt hatte, daß Pflanzen ein Bewußtsein besitzen, war Luther Burbank. 1922 schrieb er in einem seiner Bücher: „Das starrköpfigste unter allen Lebewesen dieser Erde ist eine Pflanze, die sich in bestimmten Gewohnheiten festgefahren hat. Denken Sie daran, daß diese Pflanze sich ihre ausgeprägte Individualität über Jahrtausende hinweg bewahrt hat, ja vielleicht stehen Sie einem Exemplar gegenüber, an dessen Spuren im Stein man ablesen kann, daß es sich im Laufe von Jahrmillionen kaum verändert hat. Glauben

Sie nicht auch, daß die Pflanze nach einer so endlosen Kette von Wiederholungen eine Art unbeugsamen Willen oder – wenn Sie es lieber so nennen wollen – beispiellose Beharrlichkeit entwickelt hat? Tatsächlich sind manche Pflanzen, wie zum Beispiel einige Palmenarten, von derartiger Unveränderlichkeit, daß es bisher noch keinem Menschen gelungen ist, ihnen seinen Willen aufzuzwingen. Der Wille eines Menschen ist schwach im Vergleich zu dem einer Pflanze."

Dem Mann, von dem diese Worte stammen, gelang es dennoch immer wieder, ihren Eigensinn zu brechen. Er war einer der genialsten Pflanzenzüchter, die es je gab; er hat Hunderte von neuen Kreuzungen entwickelt. Der „stachellose Kaktus" war eine´ seiner Meisterleistungen. Wie hatte er das erreicht? Paramahansa Yogananda verriet er sein Geheimnis: er spreche mit den Pflanzen „in Schwingungen der Liebe. Ihr braucht eure Verteidigungswaffen, die Stacheln nicht, sage ich ihnen, ich werde euch beschützen. Und nach einiger Zeit werfen sie vertrauensvoll ihre Stacheln ab".

Dr. Burbank war telepathisch begabt, ein Talent, das er von seiner Mutter geerbt hatte. Auch eine seiner Schwestern, die an der Universität von Kalifornien getestet worden war, konnte in sieben von zehn Fällen telepathische Botschaften empfangen. Wenn Burbank seine Schwester sehen wollte, brauchte er ihr nur eine telepathische Botschaft zu senden und konnte sicher sein, daß sie mit dem nächsten Zug am Bahnhof von Santa Rosa, seinem Wohnort, ankommen würde. Bei seinem Tod im Jahr 1926 hinterließ er fünftausend nach ihm benannte botanische Arten, die er auf seiner Versuchsfarm in

Kalifornien gezüchtet hatte. War es seine telepathische Begabung, die ihn dazu befähigt hatte, den Starrsinn der Pflanzen so oft zu brechen, wie Dr. Vogel behauptet?

Es gibt nichts Neues unter der Sonne – und über ihr vielleicht auch nichts. Zu allen Zeiten hat eine Handvoll Menschen existiert, die ihrem Jahrhundert voraus waren, zu Lebzeiten verachtet und dann vergessen wurden, bis der Mensch des Neuen Zeitalters ihren verwischten Spuren folgte und das „Neue" in der Vergangenheit wiederentdeckte.

Was das 20. Jahrhundert anlangt, so gehören Cleve Backster und Dr. Marcel Vogel zu den Wegbereitern der Zukunft. Auf einem neuen Wissensgebiet, der Paraphysik, versöhnen sie Wissenschaft und Religion miteinander. Paraphysik ist die Anwendung moderner, hochentwickelter wissenschaftlicher Methoden, Technologien und Instrumente zur Erforschung paranormaler Phänomene wie Meditation oder Gebet. Auf diesem Gebiet, das übrigens gar nicht so neu ist – der Begriff Paraphysik wurde schon im 19. Jahrhundert von dem deutschen Wissenschaftler Baron von Schrenck-Notzing geprägt –, wird die bioenergetische Natur von Mensch und Universum erforscht. Werke wie die von Reverend Loehr, Backster oder Vogel scheinen Bestätigungen für das theosophische Evolutionsprinzip zu bringen, das besagt, daß Mensch und Natur nicht nur eine materielle, sondern auch eine geistig-seelische Einheit bilden.

„Ich glaube", schloß Backster, „daß die Forschung auf diesem Gebiet dem Begriff der Seele einen – längst überfälligen – Sinn geben kann. Für mich hat sie das bereits getan."

6

Psychokinese

Als Psychokinese (PK) bezeichnet man die Fähigkeit, ohne Einschaltung des Bewegungsapparates des Körpers auf Materie einzuwirken. Bis 1934 gab es keine Möglichkeit, psychokinetische Effekte tatsächlich zu überprüfen. Die Akten des Parapsychologischen Instituts der Duke University enthalten Hunderte von Berichten über angebliche Fälle von Psychokinese; Menschen, die meist gerade in einer Periode psychischer Krisen stecken, beobachten, daß in ihrer Umgebung plötzlich Bilder von den Wänden fallen, Uhren stehenbleiben, Türen aufspringen und so weiter. Handelte es sich hier wirklich um Fälle oder nur um Zufälle? Eines schönen Tages bot sich Dr. J. B. Rhine, dem damaligen Leiter des Parapsychologischen Instituts, unerwartet die Gelegenheit, dieser Frage auf den Grund zu gehen. Ein junger Mann, ein Spieler, kam zu ihm ins Laboratorium und behauptete, er könne Münzen jederzeit nach Belieben auf die von ihm gewünschte Seite fallen lassen.

Nachdem Dr. Rhine sich von der Richtigkeit dieser Behauptung überzeugt hatte, bereitete er ein „Münzwurf"-Experiment mit einigen ESP-Testpersonen der Duke University vor. Wenn der Versuch, das Fallen der Münzen mit signifikanter Häufigkeit vorherzusagen, gelang, so konnte damit erstmals ein solches Phänomen wissenschaftlich bestätigt werden. Fälschungsmöglichkeiten wie Wurftricks oder schadhafte Münzen wurden selbstverständlich von Anfang an eliminiert, und später erfand man dann einen automatisch rotierenden Behälter, so daß die Versuchsperson mit der Münze überhaupt nicht mehr in direkte Berührung kam.

Nach neun Jahren, in denen Hunderte von Versuchspersonen getestet wurden, stand unverrückbar fest, daß die Münze viel zu oft auf die gewollte Seite fiel, als daß man den Zufall dafür verantwortlich hätte machen können. Rhines Publikation der Versuchsergebnisse im *Journal of Parapsychology* im Jahr 1943 rief ein starkes Echo hervor, und eine große Anzahl von Forschern griff das Thema auf.

Schon kurze Zeit später kamen die Parapsychologen aufgrund weiterer Beobachtungen ziemlich einmütig zu der Überzeugung, daß Psychokinese nicht das Privileg einiger weniger ist, sondern eine Fähigkeit, die potentiell jeder besitzt. Der englische Begriff „mind over matter" (Geist oder Psyche über Materie) scheint zu unterstellen, daß Geist und Körper getrennte Einheiten sind. Die logische Folgerung aus dieser These kann aber nur sein, daß als Anstoß für jede kleinste körperliche Aktivität eine Kraft von derselben Art wie PK notwendig ist – eine Ansicht, die schon Platon vertreten hatte, der lehrte, daß es der Geist ist, der den Körper beherrscht und dirigiert. Dr. Rhine schrieb dazu in seinem Artikel *(Journal of Parapsychology*, Bd. 7, 1943)*: „Als Beherrscher des Körpers übt der Geist eine kausale Wirkung auf ihn aus, die nur kinetischer Natur sein kann. Psychokinetische Aktivität ist darüber hinaus die Ausgangsbasis unserer Interpretation jeder Alltagserfahrung ... Sie ist nichts anderes als die Absicht, der Wille, zu handeln."

Die meisten Wissenschaftler freilich hielten diese dualistische Auffassung für einen Aberglauben, eine neue Geschichte aus dem Märchenbuch des Übernatürlichen. Dr. Ernest Holmes, der Begründer der United Church of Religious Science, hält dem entgegen, „daß das Übernatürliche gar nicht existiert, und daß die Dinge, die wir heute noch übernatürlich nennen, uns vollkommen natürlich erscheinen werden, sobald wir sie durchschaut und verstanden haben".

Nicht nur in Amerika löste Dr. Rhines Werk hitzige Diskussionen aus, sondern auch in England, vor allem in den Delawarr Laboratories in Oxford. George de la Warr, von Beruf Zivilingenieur, hatte 1943 ein sonderbares Forschungszentrum gegründet. Es beschäftigte sich in erster Linie mit einer aus Amerika stammenden Methode, die unter dem Namen Strahlentherapie (Radionic Therapy) bekannt wurde. Ihr Grundpostulat besagt, daß jeder Form von Leben und Entwicklung in einem geordneten Universum eine einzige universale Energiequelle zugrunde liegt. Jedes Ding an jedem Ort habe seine spezifische Strahlung. Materie sei nichts anderes als verdichtete Energie, die sich in einer individuellen Wellenlänge manifestiert habe *(Mind and Matter Quarterly,* I, 1. Juni 1957).

Nach fünfzehnjähriger Forschungsarbeit waren die Experimentatoren zu dem Schluß gelangt, daß diese Universalenergie sich am deutlichsten an Pflanzen feststellen ließ. „Diese Universalenergie, auch universaler

Geist genannt, manifestiert sich in Form geladener Teilchen in der lebenden Zelle. Als konstitutive Bestandteile der Zelle sind sie nicht isolierbar, doch kann man ihre Wirkungsweise in kontrollierten Laboratoriumsexperimenten an Pflanzen sichtbar machen. Durch einen natürlichen Materialisationsprozeß setzt diese Energie sich also in Materie um. Ich bin mir bewußt, daß diese Theorie, sollte sie sich als richtig erweisen, die klassische Definition der Materie total umstürzen wird. Loosely nannte es eine Verwandlung von Geist in Materie – ein Vorgang, der zweifellos sensationell ist, aber gleichzeitig sehr einfach, außer für Materialisten." Es gibt klare Beweise dafür, daß diese unentwegte Materialisation von Energie in der lebenden Zelle durch persönliche Willensanstrengung vom Menschen beeinflußbar ist.

Mit Hilfe eines sensitiven Mediums und zwei verschiedenen Strahlungsmeßgeräten kann über jede beliebige Distanz hinweg eine genaue Diagnose von Mensch, Tier, Pflanze oder chemischer Substanz erstellt und Heilung erzielt werden. Nur eine winzige Probe aus der belebten oder unbelebten Substanz (bei Mensch und Tier zum Beispiel ein Haar oder ein Blutstropfen) ist nötig, um das Diagnosegerät auf die Wellenlänge des betreffenden Individuums einzustimmen. Wenn das geschehen ist, kann das Medium bei Berührung eines Gummikissens, das an der Vorderseite des Geräts angebracht ist, fühlen, ob der mentale Kontakt mit dem Subjekt hergestellt ist, was es daran erkennt, daß seine – oder ihre – Hand plötzlich an dem Gummi festzukleben scheint. Dann überträgt das Medium spezifische heilkräftige Impulse (Vibrationen) auf die Substanzprobe im

Behandlungsgerät, die von dort an das in beliebiger Entfernung befindliche Subjekt weitergeleitet werden.

Strahlungstherapeuten sind der Meinung, daß jedes einzelne Molekül als Sender und Empfänger geeignet ist, weil jedes die gesamte genetische Information des Organismus, dem es entnommen wurde, in sich trägt. Die Übertragung gleicht im Prinzip einer gewöhnlichen Radioübertragung, die ja auch funktioniert, sobald das Empfangsgerät auf die Wellenlänge des Senders eingestellt ist. Seitdem man auf experimentellem Weg herausgefunden hat, daß jede Form des Lebens sich dieser natürlichen Kommunikationsmöglichkeit bedienen kann, nennt man das Phänomen scherzhaft das Radio der Natur.

In wissenschaftlichen Kreisen wird diese Therapie freilich immer noch als Pseudowissenschaft abgetan, und ungeachtet der sensationellen, genau dokumentierten Berichte von de la Warr und anderen, die sie praktizieren, haben die wenigsten orthodoxen Ärzte sich bisher die Mühe gemacht, diese Methoden überhaupt kennenzulernen. Das medizinische Establishment glaubte, die revolutionierenden Forschungsergebnisse der Delawarr-Laboratorien ignorieren zu können, da niemand zu definieren vermochte, wie die Übertragung tatsächlich zustande kam. Die Frequenzen müssen außerhalb des bekannten elektromagnetischen Spektrums liegen, denn kein Meßinstrument konnte irgendwelche ausgestrahlten Signale auffangen – nur ihre Wirkung konnte bewiesen werden.

So weit hergeholt diese Methode auch manchen erscheinen mag, den Wissenschaftlern der Delawarr-

Laboratorien ist es mit ihrer Hilfe oft und oft gelungen, sogar Patienten, mit denen sie nie in persönlichen Kontakt kamen, zu heilen. Um zu beweisen, daß diese Heilungen durch Mobilisierung der Universalenergie ermöglicht worden waren, entschieden die Forscher sich für Experimente mit Pflanzen, an denen Veränderungen in Wachstum oder Gesundheitszustand so deutlich zu sehen sind, daß auch eingefleischte Skeptiker sie nicht zu leugnen vermögen.

Eines der frühesten Experimente war der Versuch, durch Behandlung eines zweiundzwanzig Morgen (etwa neun Hektar) großen Karottenfelds in Schottland das Zellwachstum der Pflanzen anzuregen. Vier Morgen blieben gänzlich unbehandelt, einer wurde mit Fischmehl gedüngt, und die verbleibenden siebzehn Morgen wurden über eine Bodenprobe vom Laboratorium in Oxford aus behandelt. Einer der Forscher hatte die Bodenprobe zusammengestellt, indem er das Feld abschritt und etwa alle fünf Meter eine Prise Erde aufsammelte. Ein Medium erstellte auf die schon beschriebene Weise die Analyse und sandte über die Bodenprobe korrigierende Impulse zu dem Feld in Schottland. Die Übertragung begann am 23. April, zwei Wochen vor der Aussaat, und wurde bis 1. November fortgesetzt. Abbildung 22 zeigt das Resultat am Ende der Behandlungszeit. Messungen ergaben, daß der Ertrag aus der behandelten Bodenfläche um zwanzig Prozent gegenüber der Kontrollfläche gesteigert werden konnte.

Das nächste Forschungsprojekt galt einer besonders erstaunlichen Theorie. Sie beruhte auf der Annahme, daß die lichtempfindliche Beschichtung eines Filmnegativs außer Lichtwellen auch noch andere, vom fotografierten Objekt ausgehende Wellen auffangen müsse. Deshalb beschlossen die Forscher, zur Wachstumsverbesserung das Negativ einer vor der Aussaat gemachten Fotografie des Ackers als Behandlungsunterlage zu verwenden.

1954 starteten sie ihr Experiment. Auf dem Versuchsgelände des Laboratoriums wurden zwei zehn Meter voneinander entfernte, gleich große Felder abgesteckt, die Erde homogenisiert und sechs Tage später Feld A mit einer gewöhnlichen Kamera fotografiert.

Am 27. März wurde die fotografische Platte in der Dunkelkammer des Labors von dem sensitiven Medium einen Monat lang täglich behandelt. Dann wurden auf jedem der Felder vier Kohlpflänzchen von gleicher Größe und Qualität angepflanzt. In den ersten zwei Wochen waren noch keine Wachstumsunterschiede feststellbar, von da an bis zum Abschluß des Experiments Ende Juni aber wuchsen die A-Feld-Pflanzen ungefähr dreimal so rasch wie die Kontrollpflanzen. (Abb. 23 zeigt rechts die unbehandelten, links die behandelten Kohlpflanzen.)

Die vierzehntägige Verzögerung ist darauf zurückzuführen, daß eine frischgesetzte Pflanze eine gewisse Zeit braucht, bis sie ihre Idealposition gefunden hat. Erst dann beginnt sie auch mit Schwesterpflanzen in ihrer näheren Umgebung „mitzuschwingen", das heißt, ihre Energie mit ihnen zu teilen. Um diese Aspekte näher zu untersuchen, unternahm das Forscherteam ein neues Experiment. Drei irdene Töpfe wurden nach London gebracht und von Mr. Landau, einem unabhängigen Beobachter, mit nährstoffarmer Erde gefüllt. Er sollte auch die Aussaat und Pflege der Testpflanzen übernehmen.

Topf Nummer eins wurde mit einer Plattenkamera fotografiert und behandelt, Topf Nummer zwei wurde unbehandelt danebengestellt, um zu prüfen, ob Nummer eins seinen Energieüberfluß mit ihm teilen würde, und Topf Nummer drei wurde in einem anderen Raum mit den gleichen Umweltbedingungen und in der gleichen Position wie der Kontrolltopf aufgestellt. In jeden der Töpfe wurden nun drei Bohnenkerne gepflanzt. Nur Topf Nummer eins wurde über das Negativ vom Laboratorium in Oxford aus täglich behandelt. Nach sechzehn Tagen zeigten sich in Nummer eins und Nummer zwei je drei Bohnenkeime, im Kontrolltopf nur einer. Bei Abschluß des Experiments maßen die Pflänzchen in Topf Nummer eins zweiundzwanzig Zentimeter, zwanzig Zentimeter und zwölf Zentimeter, in Topf Nummer zwei zwanzig Zentimeter, fünfzehn Zentimeter und zwölf Zentimeter, die einzige Pflanze im Kontrolltopf aber nur dreizehn Zentimeter. (Abb. 24 und 25). Eine Reihe ähnlicher Versuche, sowohl mit Boden- wie auch mit Saatfotos bestätigten diese Ergebnisse.

Als nächstes untersuchten die Experimentatoren die Strahlung von Vermiculit (Wurmstein), einer mineralischen Substanz, deren Strahlungsenergiemuster dem eines Düngemittels vergleichbar ist. Die Frage war, ob das Vermiculit durch radionische Behandlung seine Strahlungsenergie auf die Saat übertragen würde. Vier Behälter wurden mit gleicher Erde gefüllt und mit einer Mischung aus Grassamen und Vermiculit versetzt. Nur zwei der Behälter erhielten behandeltes Vermiculit, die beiden anderen unbehandeltes. Als das Experiment abgebrochen wurde, stellte man einen Gewichtsunterschied der Grassamen von hundertsechsundachtzig Prozent fest! Darüber hinaus begann das behandelte Gras sofort nach dem Mähen wieder zu wachsen, und sein Proteingehalt lag um zweihundertsiebzig Prozent über der Norm. Eine angesehene landwirtschaftliche Kommission konnte bei Überprüfung keine chemischen Unterschiede in der Bodenbeschaffenheit feststellen.

Ein Doppelexperiment folgte: je neun Haferkörner wurden in zwölf Töpfe mit gewöhnlicher Erde gepflanzt. Sechs davon erhielten behandeltes Vermiculit, die anderen sechs unbehandeltes. Nach der dritten Wachstumswoche, als die Größenunterschiede zwischen den zwei Saatgruppen noch sehr gering waren, entfernten die Experimentatoren einen Topf aus jeder Gruppe und setzten die vorsichtig ausgegrabenen Pflänzchen in zwei Glasbehälter mit destilliertem Wasser um, das bekanntlich überhaupt keine Nährstoffe enthält. Vier Wochen später hatte der Wachstumsunterschied zwischen den zwei Pflanzen in den Glasbehältern ein phänomenales Ausmaß erreicht, wie Abb. 26 zeigt. „Rational" war dieses Ergebnis nicht mehr erklärbar. Als nach drei Monaten auch die Pflanzen aus den übrigen Töpfen gemessen wurden, stellte man deutliche Unterschiede im Wurzelwachstum (Abb. 28) und einen Gewichtsunterschied von zweihundertachtzig Prozent fest (Abb 27).

Als eine staatliche Saatzuchtanstalt dasselbe versuchen wollte und mehrere Hektar Anbaufläche mit behandeltem Vermiculit düngte, blieb der phänomenale Wachstumszuwachs aus. Als aber die Delawarr-Forscher das Experiment auf den Feldern der Gesellschaft wiederholten, gelang es ihnen, den enormen Wachstumszuwachs nochmals zu verdoppeln! Es schien, daß die behandelte Substanz ihrer Wirkung beraubt wurde, wenn die Züchter bei der Aussaat und Pflege der Pflanzen nicht Wohlwollen und hoffnungsvolle Erwartung beisteuerten. Als *missing link* erwies sich also der menschliche Faktor, was ein weiterer Beweis dafür zu sein scheint, daß Pflanzen auf die Gedanken des Menschen reagieren.

Um diese Hypothese zu prüfen, startete de la Warr noch ein letztes Experiment, bei dem ausschließlich unbehandeltes Vermiculit zur Anwendung kam, dem Medium aber vorgeschwindelt wurde, ein Teil sei behandelt worden. Die Ergebnisse dieses Versuches zeigen einen enormen Wachstumsanstieg bei der angeblich behandelten Gruppe im Vergleich zur Kontrollgruppe! (Abb. 29.) Nach de la Warrs Ansicht ist dieses letzte Experiment der deutlichste Beweis für die Macht des Menschen, die Universalenergie herabzubeschwören. Der psychologische Aspekt von Wachstumsprozessen war dabei klar zum Ausdruck gekommen, und die alte Geschichte von der „guten Hand für Pflanzen" erschien plötzlich durchaus plausibel.

In Paris erschien unter dem Titel „Gedanken beeinflussen das Pflanzenwachstum" *(Revue Metapsychique,* April, Mai, Juni 1948) ein Artikel, in dem über die Arbeiten von Dr. Paul Vasse und seiner Frau berichtet wurde. Das Ehepaar Vasse hatte von Dr. Rhines Münzwurfexperimenten und den anschließenden mißglückten Pflanzenexperimenten erfahren und beschlossen, nach langjähriger Erfahrung mit den Wirkungen der Mesmerisierung auf Tiere und Pflanzen, seine PK-Tests zu wiederholen.

Die von allen Heilern postulierte Notwendigkeit, daß man sich auf den Patienten konzentrieren und innerlich einstellen müsse, hatte die Vasses schon längst vermuten lassen, daß ihre Heilerfolge nicht von irgendeinem Fluidum der Hände abhängen konnten.Um ihre Annahme, daß PK im Spiel sei, zu testen, untersuchten sie in acht Experimenten, ob Gedanken das Wachstum von Pflanzen willentlich beschleunigen oder verlangsamen können. Zwei ihrer acht Versuchspersonen waren Heiler. Als Untersuchungsobjekte wählten sie junge Pflänzchen, weil das Keimen von Samen zu stark von den Umweltverhältnissen abhängt und oft eine Kleinigkeit genügt, um diesen Prozeß stark zu beeinträchtigen. Temperatur, Licht, Luftfeuchtigkeit und Bewässerung wurden konstant gehalten. Außerdem vermied man es sorgfältig, die einzelnen Töpfe zu nahe nebeneinander aufzustellen, da einige Pflanzen erfahrungsgemäß in der Gruppe schneller wachsen, ein Phänomen, das die Mesmerisateure dem Austausch von Ultraviolettstrahlen zwischen den Pflanzen zuschreiben.

Mit einem dünnen Holzbrett teilten sie ein Beet in zwei Teile, die eine Hälfte wurde auf Steigerung, die andere auf Verminderung des Wachstums hin behandelt. Ein Außenstehender säte angekeimte Weizenkörner gleichmäßig aus, da Dr. Rhine die Vermutung geäußert hatte, der Experimentator stimme sich vielleicht unbewußt auf die vitalsten Keime ein.

Die Versuchspersonen nahmen ihre Aufgabe sehr ernst, jeder stellte sich etwa fünfzehn Minuten täglich in einiger Entfernung vom Beet auf und konzentrierte sich auf sein Idealbild der Pflanzen, sah sie im Geist hoch aufschießen und blühen und redete ihnen ein, wie stark und schön sie seien. Den Pflanzen auf der negativen Hälfte hingegen wurden die entgegengesetzten Gedanken suggeriert. Diese Behandlung dauerte eine Woche, danach ließ man die Pflanzen ohne Behandlung weiterwachsen. Nach zehn Tagen wurden auf jeder Seite einige Keimlinge ausgegraben und ins Freie gesetzt. Drinnen wie draußen erzielte die positive Gruppe einen sehr beachtlichen Wachstumsvorsprung und blühte auch viel früher.

Eine interessante Nebenerscheinung dieses Experiments, das zwischen März und November 1946 stattfand, war der Umstand, daß ausgerechnet den beiden Heilern kein Erfolg beschieden war – ihre Kräfte schienen in unerklärlicher Weise auf kranke Organismen spezialisiert zu sein.

„Natürlich mußten unsere Resultate fragmentarisch bleiben", schrieb Vasse in seinem Artikel, „und die vorliegende Studie erlaubt noch keine endgültigen Schlüsse. Unsere Absicht war es, weitere Experimente anzuregen, die unter verbesserten Versuchsbedingungen hoffentlich exaktere Ergebnisse bringen werden." Es folgte eine ganze Reihe von Vorschlägen für künftige Experimentatoren:

1. Aufstellung einer Glaswand zwischen Pflanze und behandelnder Versuchsperson. Funktioniert das Experiment dann immer noch, scheidet Ultraviolettstrahlung als Ursache aus.

2. Anstelle von Glas verschiedene andere Materialien unterschiedlicher Stärke auf abschirmende Wirkung testen.

3. Meditation statt Konzentration.

4. Anrufung der Toten als Mittler.
5. Behandlung auf Entfernung.
6. Versuche, die Mikroorganismen der Bodenflora zu beeinflussen.

Abschließend schrieb Vasse: „Wir glauben, eine Methode entwickelt zu haben, die die Wirkung geistiger Kräfte auf verschiedenste Materialien zu prüfen erlaubt. J. B. Rhine nennt diese Wirkung in seinen Forschungsberichten Psychokinese und hat selbst zehn Jahre damit experimentiert. Wir hoffen, durch unsere Arbeit viele ähnliche und neue Experimente anzuregen, die der genauen Erforschung dieses bedeutsamen Phänomens dienen sollen."

Wissenschaftlich relevanter – wenn auch viel weniger dramatisch als die Experimente der Vasses oder des Delawarr-Laboratoriums – ist der Forschungsbericht von Dr. Jean Barry, eines Arztes aus Bordeaux, der 1968 im *Journal of Parapsychology* publiziert wurde (Heft 32, 4, 1968). Dr. Barry war es gelungen, das Wachstum von zwei Schmarotzerpilzen, *Stereum purpureum* und *Rhizoctonia solani,* durch Konzentration zu stoppen.

Der Pilz wurde in Petrischalen kultiviert, in einer landwirtschaftlichen Versuchsstation, deren hochspezialisierte moderne Ausstattung ideale Versuchs- und Kontrollbedingungen garantierte. Es wurden neun Sitzungen veranstaltet, an denen jeweils drei bis sechs der zehn „Denker", die sich zur Verfügung gestellt hatten, teilnahmen. Jeder hatte zehn Petrischalen zu betreuen, in denen am Vortag eine Pilzkultur angelegt worden war. Die Versuchspersonen saßen etwa fünfzehn Minuten pro Tag in einer Entfernung von knapp eineinhalb Metern vor den ihnen zugeteilten Schalen, und übten, ohne einer bestimmten Methodik zu folgen, ihre psychokinetischen Kräfte aus. Die Hälfte der Schalen dienten nur zur Kontrolle, wurden aber auch immer in den Behandlungsraum mitgenommen, um die strenge Gleichheit der Umweltbedingungen zu wahren.

Der Versuch wurde in dem Augenblick abgebrochen, in dem eine Pilzkultur den Rand des Gefäßes, das heißt den relativen Höhepunkt des Wachstums erreichte. Der Wachstumsstand der anderen wurde gemessen, indem man die Begrenzungslinie der Pilzkultur auf ein Blatt Papier übertrug. Außerdem wurde jede Kultur unter konstanten Luftfeuchtigkeits- und Temperaturverhältnissen gewogen. Relative Wachstumsunterschiede wurden nicht berücksichtigt. War die Versuchsgruppe in ihrem Wachstum hinter der Kontrollgruppe zurückgeblieben, wurde das Ergebnis als Erfolg gewertet, andernfalls als Mißerfolg. Ein Außenstehender, der nicht wußte, welche Petrischalen behandelt worden waren, übernahm die Auswertung.

Nach der letzten Versuchsrunde stellte sich heraus, daß in 151 von 195 Fällen die Versuchsgruppe einen „Erfolg" erzielt hatte, in 42 Fällen waren keine Unterschiede feststellbar, und nur in 2 Fällen übertraf das Wachstum der Versuchsgruppe das der Kontrollgruppe! Die Zufallswahrscheinlichkeit für ein solches Resultat beträgt weniger als 1000:1. Manche Einzelergebnisse, vor allem die der letzten Sitzung, lagen noch weit über diesem Durchschnittsergebnis, das selbst schon als höchst signifikant betrachtet werden muß.

1966 startete Dr. Robert Brier, damals Fellow am

Parapsychologischen Institut, eine Serie von Polygraphen-Experimenten. Er wollte sehen, ob der Einfluß von Gedanken stark genug sei, um eine am Polygraphen ablesbare Reaktion hervorzurufen – ein Unternehmen, mit dem er in die Fußstapfen Cleve Backsters trat. Als Versuchspersonen wählte Dr. Brier zehn Leute mit überdurchschnittlich hohen psychokinetischen Fähigkeiten, besonderem Interesse für dieses Gebiet oder einer außergewöhnlich „guten Hand" im Umgang mit Pflanzen.

Vor jedem Test wurde zunächst die normale elektrische Aktivität des Pflanzengewebes gemessen. Dann wurden die Testpersonen einzeln in den Versuchsraum eingelassen, wo zwei an Polygraphen angeschlossene Philodendren auf sie warteten. Dreißig Sekunden lang mußten sie sich nun auf eine der Pflanzen konzentrieren, mit der Absicht, deren elektrische Aktivität zu verändern, dann dreißig Sekunden Pause machen, und danach dasselbe bei der zweiten Pflanze versuchen.

Die beiden Pflanzen – A und B – waren einander in Größe und Aussehen zum Verwechseln ähnlich und standen auf demselben Tisch, allerdings durch einen undurchsichtigen Wandschirm getrennt. Als Start- und Stopsignal für die Versuchsperson diente eine kleine Glühbirne. Vor dem Betreten des Versuchsraums wurde der Testperson ein verschlossenes Kuvert in die Hand gedrückt, das die gewünschte Reihenfolge – also AB oder BA – angab. Der Experimentator, dem diese Information fehlte, sowie die Polygraphen waren in einem angrenzenden Raum untergebracht.

Ein Anstieg der Polygraphenkurve um mehr als einen Zentimeter wurde als signifikant bewertet. Die Frage war nun, ob auf dem Kurvenstreifen die von den Testpersonen gewählte Reihenfolge AB oder BA an den plötzlichen Anstiegen direkt abzulesen sei. In neun von zehn Fällen stimmten die Ergebnisse überein, ein Resultat, dessen Zufallswahrscheinlichkeit bei fünfzig zu eins liegt.

Diese Bewertungsmethode erscheint allerdings deshalb problematisch, weil sie jeden einzelnen Kurvenanstieg als unabhängig von allen übrigen betrachtete, eine Annahme, die statistisch nicht ganz korrekt ist. Auch Dr. Brier betonte, daß der Schreiber des Polygraphen nur die Gesamtwirkung des Einflusses einer Testperson aufzeichnen könne. Falls Psychokinese im Spiel sei, worauf die Ergebnisse hindeuteten, könne sie ebensogut direkt auf den Mechanismus des Polygraphen – statt auf das Pflanzengewebe – eingewirkt haben.

Die Versuche wurden noch mehrmals unter verschärften Kontrollbedingungen wiederholt, und Außenstehende gebeten, zum Vergleich die Bewertung der Kurven nochmals ihrem Gefühl nach vorzunehmen, um ein höchstmögliches Maß an Objektivität der Beurteilung zu erreichen. Die Durchschnittsergebnisse unterschieden sich kaum von denen des ersten Versuchs. Die Frage, ob der Wille des Menschen nun die Pflanze oder den Polygraphen selbst beeinflußte, bleibt allerdings weiterhin unbeantwortet.

1967 führte der Chemiker Dr. Robert N. Miller vom Georgia Institute of Technology einen Versuch mit dem bekannten Heiler Ambrose Worral und seiner nicht weniger berühmten Frau Olga durch. Mit Hilfe des Wachstumsmeßapparates, der bei den Gebetsexperimenten verwendet worden war, hoffte er bestimmen zu können, ob Gedanken das Wachstum von Pflanzen zu beeinflussen vermögen. Die normale Wachstumsrate wurde auf durchschnittlich ein mil pro Stunde festgesetzt. Worrals Aufgabe bestand nur darin, sich etwa drei Minuten lang mit aller Kraft auf die untersuchte Pflanze zu konzentrieren, um sie zu ermutigen, schneller zu wachsen.

Der Energiestoß, den die Pflanze erhielt, als Worral den Raum betrat, machte sich unverzüglich bemerkbar. Zwei Stunden danach wuchs sie mit einer Geschwindigkeit von 6,1 mils pro Stunde, was eine Steigerung um 610 Prozent entspricht. Sie behielt dieses atemberaubende Tempo noch vier Tage nach Worrals Weggang bei und kehrte dann zu ihrer Normalgeschwindigkeit von ein mil pro Stunde zurück.

Dieses kleine Experiment führt uns vor Augen, daß wir den Menschen nicht säuberlich von der Materie trennen können, und es ist ein weiteres Beispiel für abhängige Forschung über ein Thema, das die Wissenschaftler, die aus dogmatischen Gründen ihre Augen vor dem Prinzip des Lebens verschließen, verwirrt.

7

Gibt es Parallelen zwischen Mensch,
Tier und Pflanze?

Kennen Pflanzen das, was wir Menschen „Mutterliebe" nennen? In der Zeitschrift *Organic Gardening and Farming* (Mai 1957) schilderte J. I. Rodale, der Gründer der Zeitschrift *Prevention,* ein Experiment zur Beantwortung dieser Frage.

Bei einem Besuch der Delawarr-Laboratorien in Oxford machte er sich vertraut mit der dort vertretenen Auffassung, daß Pflanzen, ebenso wie der Mensch oder jede andere Lebensform, ununterbrochen Strahlen aussenden. Von de la Warr lernte er auch, daß ein abgeschnittenes Zweiglein Wurzeln schlagen kann, weil die Strahlung der Mutterpflanze es weiterhin schützt und nährt.

Noch erstaunlicher aber war die Beobachtung, daß Entfernung dabei keine Rolle spielt. Die Strahlung der Mutterpflanze sei „stark genug, um die ganze Erdkugel zu umrunden", erklärte man ihm. Man hatte außerdem die Entdeckung gemacht, daß Stecklinge, deren Mutterpflanze vernichtet worden war, viel schlechter wuchsen als solche, deren „Mutter" noch am Leben war.

Am 15. September 1956 startete Mr. Rodale sein Experiment. Er wählte zwei Coleus-Pflanzen (Buntlippe,

Gattung Lippenblütler), die er mit A und B etikettierte, schnitt von jeder vier Stecklinge ab und topfte diese in sandiger Erde ein. Drei Tage darauf verbrannte er Pflanze B mitsamt ihrer Erde, zerschlug den Topf und verstreute die Überreste auf einem fremden Bauerngut in zwanzig Kilometer Entfernung. Später erkannte er, daß er auch die Scherben hätte verbrennen sollen, weil der Topf etwas organische Substanz der Mutterpflanze absorbiert hatte, und diese nun noch einige Tage weiterstrahlen konnte.

Am 28. September wurden die Stecklinge in einen größeren Topf mit lehmiger Erde umgesetzt. Alle erhielten genau die gleiche Behandlung. Am Ende einer Woche waren die Kinder von A ungleich kräftiger und größer als die verwaiste B-Gruppe. Bis zum 25. Januar wurde der Unterschied immer deutlicher, allerdings mit einer Ausnahme: eine der Waisen, B 3, hatte aus eigener Kraft und ohne mütterliche Hilfe alle anderen Pflanzen beider Gruppen überflügelt! Ausnahmen bestätigen die Regel? Die Wege des Lebens sind unvorhersehbar und fügen sich nie genau in ein Schema ein.

Die Coleus-Pflanzen des ersten Experiments hatten zwei verschiedene Varianten dieser Gattung angehört, und Rodale beschloß, den Versuch mit zwei identischen Coleus-Pflanzen zu wiederholen. Am 19. Oktober schnitt er von jeder Pflanze drei Stecklinge ab und verbrannte drei Tage darauf Pflanze B samt Erde und Topf. Im Januar gingen alle B-Pflänzchen ein. Dann passierte etwas Seltsames. Plötzlich starb aus unerfindlichen Gründen die Mutterpflanze A, und kurz darauf gingen auch alle ihre bis dahin gut gedeihenden Kinder ein.

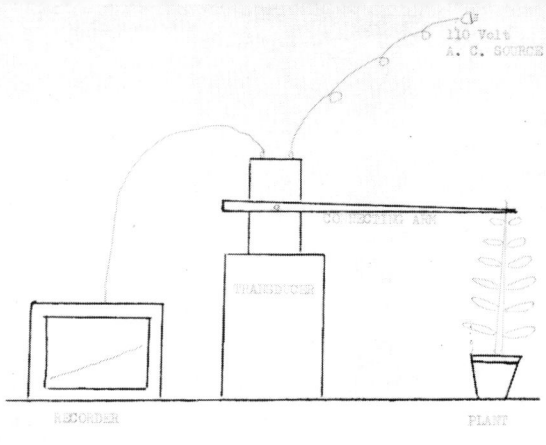

Abb. 1: Eine Skizze des Backster-Millerschen Polygraphen-Versuchs zur Messung der Gefühlsreaktionen von Pflanzen

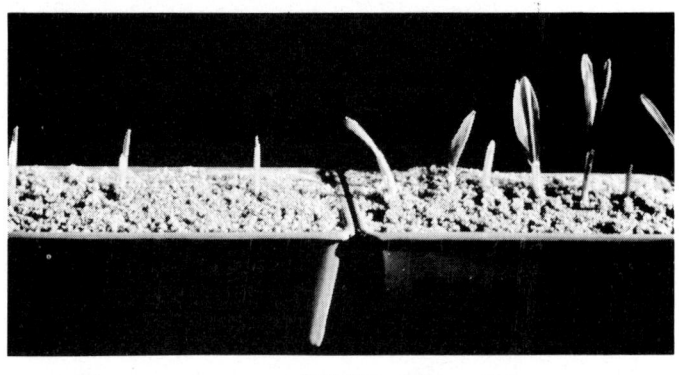

Abb. 2:
Sieben Maiskörner keimen in dem Gefäß, für das Reverend Loehr betet, und nur drei in dem anderen

Abb. 3:
Bohnenkeime durchstoßen die Lehmerde in dem von Reverend Loehr betreuten Gefäß

Abb. 4, 5: Efeusetzlinge, für deren Wachstum gebetet wurde (+), und solche, für die Gebete gegen das Wachsen (–) gesprochen wurden, nach drei und fünf Wochen

3 WEEKS

5 WEEKS

Abb. 6: Sechzehn Maiskörner keimen auf der Seite, für die Reverend Loehr gebetet hat, und nur eines auf der Seite für die „negative" Gebete gesprochen wurden

Abb. 7: Zwei Gefäße mit Weizen- und Maiskeimen aus der Gebetsversuchsreihe mit sechzig Pflanzeneinheiten

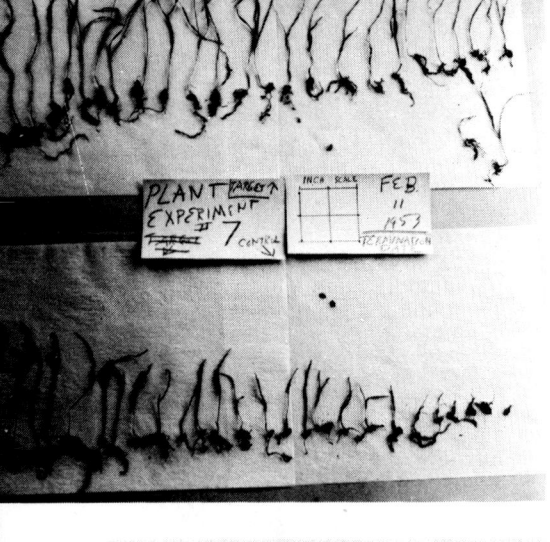

Abb. 8:
Bei diesem Positiv-Negativ-Experiment mit Weizenkörnern übertraf der positive Weizen den negativen im Keimwachstum um 242 Prozent, im Wurzelwachstum um 159 Prozent

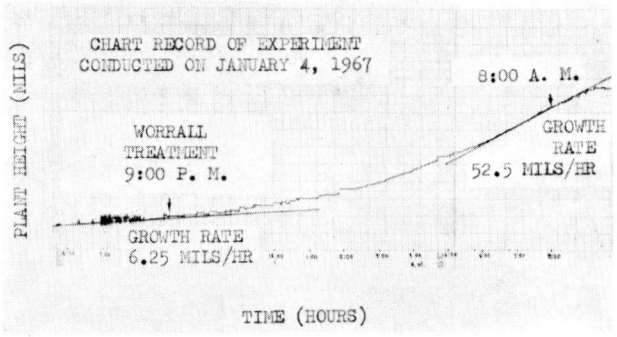

Abb. 9: Eine Graphik von Dr. Millers Experiment mit dem Ehepaar Worrall, das über eine große Entfernung hinweg für das Wachstum einer Pflanze betete

Abb. 11: Der bekannte ungarische Heiler Oskar Estebany

. *10:* Die Roggen-nze, für die die Worbeteten

Abb. 12: Töpfe mit Gerste, die Estebany bei seinem Versuch verwendete

BEHANDELT   UNBEHANDELT

Abb. 13—16: Estebanys positive und negative Gerstenkeime, mit X und Y bezeichnet, am achten, zehnten, vierzehnten und sechzehnten Tag

ROCK

BACH

Abb. 17: Pflanzen, die Dorothy Retallack mit verschiedenen Arten von Musik berieselte

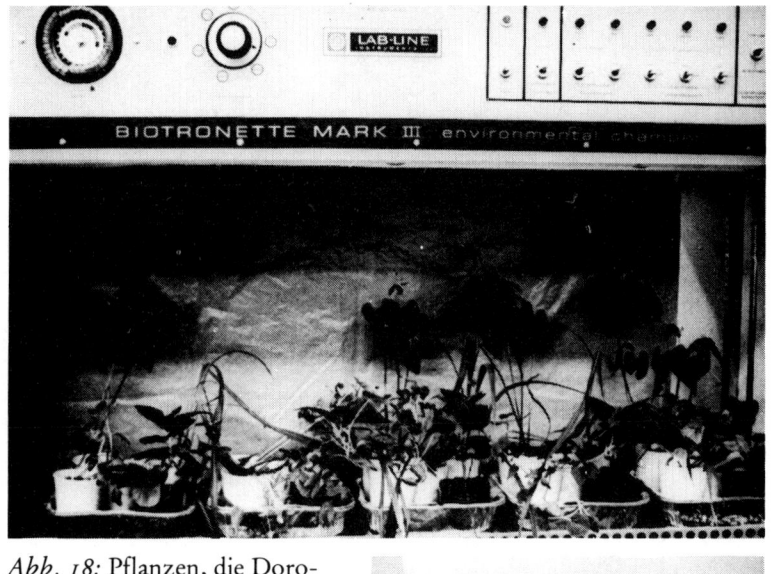

Abb. 18: Pflanzen, die Dorothy Retallack drei Wochen lang harter Rockmusik aussetzte

Abb. 19: Wurzeln, die Dorothy Retallack verschiedenen Arten von Musik aussetzte

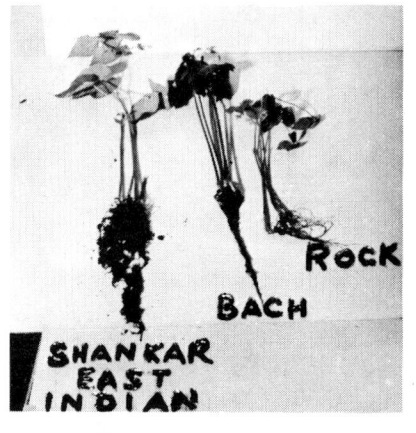

ROCK

BACH

SHANKAR
EAST
INDIAN

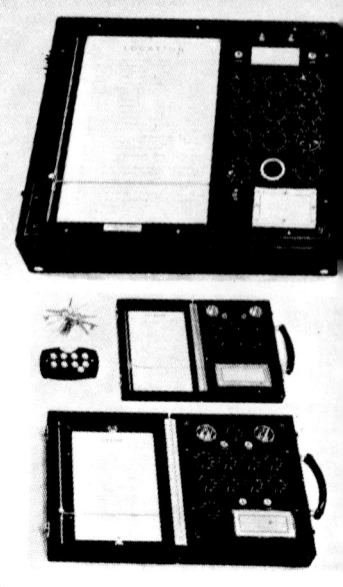

Abb. 20: Dr. Pearl Weinbergers Versuch mit Salatblättern und Ultraschall

Abb. 21: Das Diagnose-Gerät der De warr-Laboratorien, wie es zwisch 1943 und 1969 verwendet wurde; obere Modell ist veraltet; die bei anderen, in Standardgröße und Miniaturformat (Mitte), stehen geg wärtig in Gebrauch

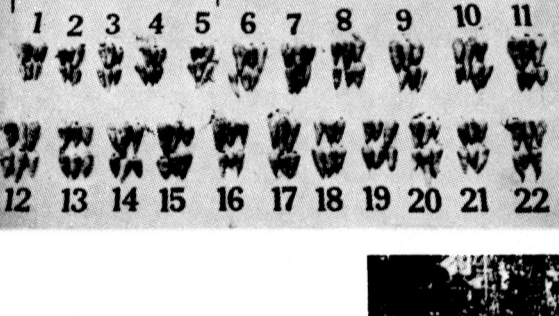

Abb. 22: Karotten von den I dern in Schottland, die von Oxforder Delawarr-Labora rien behandelt wurden (un handelt blieben die Karot 1 bis 6)

Abb. 23: Kohlpflanzen, die von den Delawarr-Laborato-rien behandelt wurden (links), daneben unbehandelte

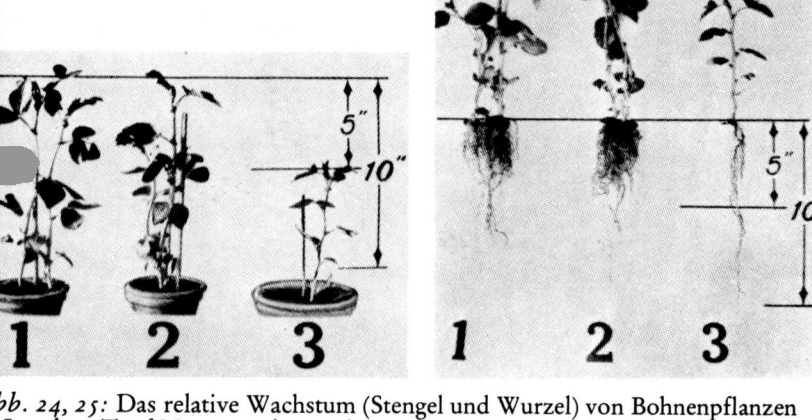

bb. 24, 25: Das relative Wachstum (Stengel und Wurzel) von Bohnenpflanzen
London; Topf Nr. 1 wurde von den Delawarr-Laboratorien behandelt

bb. 26: Behandelte und unbehan-
lte Haferpflanzen, nach einem
Monat in destilliertem Wasser,
ne Nährmittelzusatz

bb. 27: Derselbe Hafer nach drei Monaten – vier Pflanzen wurden behandelt,
er nicht

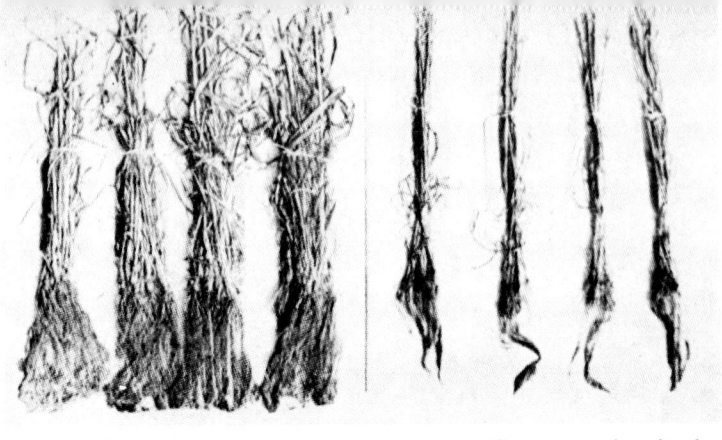

Abb. 28: Links die Wurzeln der behandelten Pflanzen, rechts die der unbehandelten

Abb. 29: Ein Versuch der Delawarr-Laboratorien, der zeigte, wie sich persönliches Eingehen auf eine Pflanze auswirkt

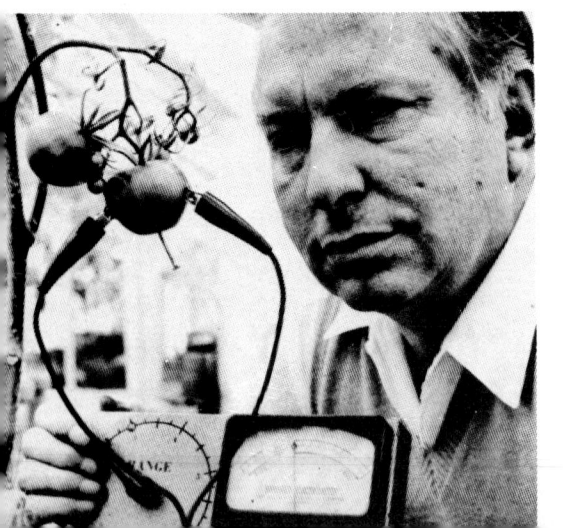

Abb. 30:
Lafayette Ron Hubbard führt sein Elektropsychometer, kurz E-Meter genannt, vor

„Es wäre höchst bemerkenswert, wenn die hier aufgestellten Thesen sich als wahr erweisen sollten, denn unter Umständen könnte das Aufschluß auch über manche den Menschen betreffende Frage bringen: Stehen Kinder, vor allem Säuglinge, im Schutz der Strahlung ihrer Eltern? Beruht die Liebe auf den ersten Blick auf einem plötzlichen, unmittelbaren Strahlungsaustausch zwischen zwei Menschen gleicher Wellenlänge? Sendet ein Mensch mit einer guten Hand für Pflanzen besonders pflanzenfreundliche Strahlen aus?

Es ist sehr leicht, über solche Ideen einfach zu lachen, und eine Mehrzahl von Skeptikern will damit nichts zu tun haben. Die Existenz einer verborgenen Kraft außerhalb des bekannten elektromagnetischen Spektrums ist jedoch keineswegs unwahrscheinlich und würde einiges erklären, was der orthodoxen Wissenschaft ein Rätsel ist, so zum Beispiel die Erfolge organischer Anbaumethoden."

1938 berichteten Dr. K. S. Cole und Dr. H. J. Curtis von der Columbia University der *New York Times,* sie hätten die Entdeckung gemacht, daß die langgestreckten Einzelzellen der für Aquarien gerne verwendeten Süßwasserpflanze Nitella im wesentlichen identisch seien mit Nervenzellen von Mensch oder Tier, ja mehr noch, daß sie in gereiztem Zustand ähnliche, wenn auch langsamere elektrische Wellen aussenden. Diese Entdeckung ermöglichte es den Biologen, Zeitlupenaufnahmen vom Durchlauf elektrischer Impulse in der Zelle zu machen, was bisher wegen der zu hohen Geschwindigkeiten in tierischen Zellen unmöglich gewesen war.

Bereits 1886 hatte in Indien Sir Jagadis C. Bose ähnliche Studien unternommen. In der 1920 erschienenen Biographie von Patrick Geddes sagt Bose: „Die Grenzen unserer Möglichkeit, Bewegung zu erkennen und zu messen, das heißt, unsere Längen- und Zeitmaße, sind immer auch die Grenzen der Reichweite unseres Forschens. An anderer Stelle habe ich gezeigt, wie die Anwendung meines Resonanzrecorders es möglich macht, Zeit auf Tausendstelsekunden genau zu messen. Außerdem können wir durch die crescographische Vergrößerungsmethode Aufnahmen von Bewegungsabläufen erhalten, die einmillionmal vergrößert sind. Diese schon phantastischen Möglichkeiten und die zunehmende Verfeinerung unserer Experimentalmethoden müssen zu bedeutsamen Fortschritten im Verständnis der physiologischen Reaktionen lebender Organismen führen."

Nachdem Bose sich einen Überblick über den damaligen Stand der Forschung – in bezug auf die Reaktionen tierischen Muskelgewebes auf äußere Reize – verschafft hatte, beschloß er, mechanisch oder elektrisch stimulierte anorganische Substanzen zu untersuchen. Er fand heraus, daß die Verhaltensmuster anorganischer Materie identisch sind mit denen organischer Materie. Diese Entdeckung brachte ihn auf den Gedanken, nun auch Pflanzen zu untersuchen, die angeblich keinerlei Anzeichen spontaner Reaktion zeigten und allgemein als inaktiv galten. Es gelang ihm, die Reaktion einer Mimose und sogar eines Biophytum auf elektrische Stimuli sichtbar zu machen.

Bose bewies, daß Pflanzenzellen ebenso wie alle Protoplasmakörper auf äußere Reize reagieren. Er probierte alle möglichen Stimuli aus – mechanische, thermale, elektrische, chemische und Lichtreize – und fand nach jahrelanger Forschungsarbeit heraus, daß die Ausdrucksmöglichkeiten der Pflanze sich auf zwei Faktoren zurückführen lassen: wechselweise Kontraktion und Dekontraktion – nicht anders als bei Muskelgeweben. Im Wechsel zwischen Anspannung und Ausdehnung erkannte er das Universalprinzip all der ungezählten Arten von Bewegung.

In seinem Buch *Plant Response* (London 1906) bewies Bose, daß die Reaktion auf äußere Reize von der physiologischen Verfassung des Gewebes abhing. Wenn man zum Beispiel tierisches Gewebe mit Chloroform behandelte, blieb die Reizwirkung vollständig aus, dasselbe galt für Pflanzengewebe. Sobald der narkotische Dunst aber durch frische Luft vertrieben wurde, setzte die Reaktionsfähigkeit wieder ein. Gift wirkte auf Pflanzen in fast genau derselben Weise wie auf Muskeln, und den Tod erlebte die Pflanze nicht anders als das Tier.

Es gelang Bose, einen riesigen Baum unter Chloroform-Anästhesie umzupflanzen, eine wohl einzigartige Leistung! Die Aufzeichnungen seiner hochempfindlichen Meßapparate zeigten, daß Bäume ein Kreislaufsystem besitzen. Die rhythmische Bewegung des Pflanzengewebes bringt den Saft in Umlauf, genau wie der rhythmische Herzschlag des Tieres den Blutkreislauf aufrechterhält. Man könnte fast sagen, meinte Bose, die Pflanze verfüge über ein „diffuses Herz".

In seinem Buch *Comparative Electro-Physiology* (London 1907) beschreibt Bose das gewöhnliche grüne Blatt als ein elektrisches Organ, das den absonderlichen elektrischen Organen gewisser Fische vergleichbar sei. Dies sei aber nur ein winziges Detail aus der Fülle physiologischer Gemeinsamkeiten zwischen Tier und Pflanze. Das Verhalten tierischer und pflanzlicher Haut ist so ähnlich, daß es an den Aufzeichnungen des Resonanzrecorders für den Betrachter nicht zu unterscheiden ist. Die Haut von Weintrauben und Tomaten beispielsweise zeigt im wesentlichen das gleiche Verhalten wie die Haut von Fröschen, Schildkröten und Eidechsen. Aber auch an Verdauungsorganen wie denen des Sonnentaus – einer Pflanze, die Darwin einige Jahre zuvor in seinem Werk über insektenfressende Pflanzen genau beschrieben hatte –, gelang es Bose, verblüffende Ähnlichkeiten mit den Verdauungsorganen von Frosch, Schildkröte und anderen Tiere nachzuweisen. Auf Licht wiederum reagierte ein Blatt fast genauso wie die Netzhaut des Tierauges. Bose demonstrierte auch erfolgreich, daß Ermüdungserscheinungen nicht auf das Muskelgewebe beschränkt sind. Seine Pflanzenprotokolle zeigen ganz deutlich die Erschöpfungsanzeichen nach länger anhaltender Reizbehandlung. Die Aufnahmefähigkeit der Pflanze läßt bei Müdigkeit ebenso nach wie die des Menschen.

Der pulsierende Rhythmus von *Desmodium* (Telegrafenpflanze oder Wandelklee) hat eine besonders auffallende Ähnlichkeit mit dem des Tierherzens. Mit großer Genauigkeit beschreibt Bose auch die entsprechend ähnlichen Reaktionen der Pflanze, nicht nur auf elektrische Reize, sondern auch auf Temperaturschwankungen, Drogen und Gifte. Beim Tier bringt Vergiftung die Kontraktion des Herzmuskels zum Stillstand, bei der Pflanze die Pulsation des Zellgewebes. Auch auf die

Behandlung mit Gegengiften reagieren Tier und Pflanze gleich.

Zahlreiche Tier- und Pflanzenprotokolle zeugten für die Existenz einer inneren Energie, die sich gegen äußere Einflüsse augenblicklich zur Wehr setzt, und Bose schloß daraus auf eine gewisse Unabhängigkeit des einzelnen Organismus, die seine Individualität ausmacht.

In seinem Buch *Response in the Living and Non-Living* (London 1922) erklärt Bose, daß ein Reiz eine Muskelzuckung hervorruft, die mechanisch oder elektrisch meßbar ist. Durch langanhaltende Reizung aber tritt Ermüdung ein, und das Muskelgewebe reagiert immer schwächer. Nicht so die Nervenzelle; den Aufzeichnungen nach kennen die Nerven von Pflanzen und Tieren keine Müdigkeit!

Bose entwickelte eine völlig neue Methode, um die elektrische Reaktion von Pflanzennerven, dem Adernnetz, das vom Blattstengel ausgeht, zu erforschen. Mit seinem Resonanzrecorder, der Geschwindigkeit und Geschwindigkeitsveränderungen der Nervenimpulse bestimmte, und dem automatischen Registrierapparat, der sie auf die Tausendstelsekunde genau maß, bewies er, daß Tier- und Pflanzennerven physiologisch ganz ähnlich beschaffen sind. Ein Temperaturanstieg von neun Grad Celsius führt sowohl beim Tier als auch bei der Pflanze zur Verdopplung der Geschwindigkeit der Nervenimpulse.

Im Lauf des lebenslangen Studiums der komplexen Lebensprozesse, die äußere Beeinflussung auslöst, kam Bose zu der Überzeugung, daß alles, das Organische wie auch das Anorganische, denselben universalen Gesetzen unterworfen ist. „Unter wechselnden Bedingungen manifestiert sich dennoch in allem ein einziges fundamentales Reaktionsphänomen. Gerade die Untersuchung der Pflanzenreaktionen bot uns die Möglichkeit, den Prozeß zurückzuverfolgen, durch den aufgrund äußerer Reize und Umwelteinflüsse die Differenzierung des Lebenden vom Einfachen zum Komplexen stattgefunden hat ... Die ähnliche Reaktion von Tier, Pflanze und Metall auf stimulierende Reize deutet auf eine allen gemeinsame, universale Empfindungsfähigkeit hin, die nur durch die allmähliche Entwicklung physiologischer Unterschiede verschiedene Ausdrucksformen gefunden hat."

Am 10. Mai 1901 führte Bose mehrere seiner Entdeckungen der Royal Institution in London vor und sagte damals zum Abschluß seines Vortrags: „Ich habe Ihnen heute abend eigenhändige Aufzeichnungen der Ausdrucksformen von Spannung und Anstrengung in belebter und unbelebter Materie vorgeführt. Wie sehr gleichen diese Aufzeichnungen einander! Beim einen wie beim anderen sahen wir den Reaktionsimpuls sich verstärken und schwinden, sahen ihn absinken bei Müdigkeit, sprunghaft ansteigen bei Reizung und für immer verlöschen durch die Wirkung von Giften. Wie können wir angesichts solcher Phänomene eine Grenzlinie ziehen und sagen, hier ende der physikalische oder hier beginne der physiologische Bereich? Es gibt diese starren Grenzen nicht.

Sprechen diese Protokolle nicht deutlich von einer Grundeigenschaft der Materie, die in allem zu finden ist? Sehen wir im Unbelebten nicht den noch schattenhaften Entwurf des Belebten? Ist nicht das Physiologische untrennbar mit dem Physikalisch-Chemischen verbunden? Erkennen wir nicht anstelle unvermittelter Brüche den gleichmäßigen, unaufhörlichen Strom des einen universalen Gesetzes?

Wenn dem aber so ist, so sollten wir mit neuem Mut an die Erforschung von Geheimnissen herangehen, denen wir allzu lange ausgewichen sind. Bisher hat noch jeder Fortschritt der Wissenschaft darin bestanden, daß etwas bis dahin paradox und närrisch Scheinendes in ein neues, harmonisches Ganzes eingefügt wurde. Schrittweise erkennt die Wissenschaft unter dem Anschein von Vielfalt die verborgene Einheit..."

Dr. Harold Saxton Burr, Professor für Neuro-Anatomie an der Yale University, sagte im Vorwort zu seinem Buch *Blueprint for Immortality:* „Die Entdeckungen dieses großen Experimentators sind Meilensteine auf dem langen Weg ins Unbekannte und Wegweiser für künftige Abenteurer der Wissenschaft. Sie zeigen uns das Universum als ein geordnetes System, in dem der Mensch nur eine der Ordnungskomponenten ist. Im Größten wie im Kleinsten finden wir Gesetz und Ordnung, und nur aus Mangel an Wissen und Information können wir an die Herrschaft des Chaos glauben."

Im Klappentext dieses Buchs, das einundsiebzig Jahre nach Boses Vortrag vor der Royal Institution publiziert wurde, steht zu lesen: „Dies ist ein bahnbrechendes Werk – die erste verständliche Zusammenfassung der wichtigsten wissenschaftlichen Entdeckungen dieses Jahrhunderts. Es offenbart uns, daß alles Lebendige – vom Menschen bis zur Maus und vom Baum bis zum Samenkorn – vorgeformt und kontrolliert wird von

‚elektrodynamischen Feldern‘, die mit modernen Spannungsmeßgeräten meßbar und darstellbar sind."

Vor allem ein Kapitel, „Das allgegenwärtige Feld", weist deutliche Parallelen zu Boses Werk auf. Burr schreibt: „Die Mimose ist durchzogen von feinen, Flüssigkeit enthaltenden Kanälen, die an ein Nervensystem erinnern. Bei unseren Untersuchungen gingen wir von der Annahme aus, daß bei der Mimose – wie in tierischen Nervensystemen – die Impulsleitungsrate in direktem Verhältnis zum Durchmesser des Leitungskanals steht. Dieser besondere Aspekt des Problems aber bedarf noch gründlicher Untersuchung."

Zum Vergleich Boses Anmerkungen in *Plant Response:* „Genau wie die Nervenstränge des Tieres können auch gewisse Leitungskanäle im Pflanzengewebe Reize weiterleiten. Diese Reizleitung erfolgt in beiden Fällen durch eine Fortpflanzung von Veränderungen im Protoplasma ... Bei näherer Betrachtung ist auch die Reizleitungsgeschwindigkeit im Pflanzengewebe vergleichbar mit der der Nerven einiger niedrigerer Tiere. Bei einigen Arten der besonders empfindlichen Mimose wurde eine Reizleitungsgeschwindigkeit von 14 Millimeter pro Sekunde gemessen; beim *Ficus religiosa* liegt sie bei 0,4 Millimeter pro Sekunde, und im Nervengewebe der Gattung Anodon wurde ein Durchschnittswert von 10 Millimeter pro Sekunde bestimmt. Wenn aber Reizleitung zur Definition des Nervs gehört, so muß man zugeben, daß auch die Pflanze – genau wie das Tier – mit einem Nervensystem ausgestattet ist."

Seiner Sache nicht ganz so sicher, schreibt Burr in bezug auf die Mimose: „Sollte es sich herausstellen, daß die Leitungskanäle an der Fortpflanzung der Reize beteiligt sind, so könnte die unterschiedliche Größe der Kanäle in ursächlichem Zusammenhang mit den elektrischen Aufzeichnungen stehen."

Bose meint in *Response in the Living and Non-Living:* „Zur Erklärung der Reaktionsphänomene erscheint uns die Annahme einer Vitalenergie überhaupt nicht notwendig. Es sind einfach physikalisch-chemische Vorgänge, die ebenso streng analysierbar und definierbar sind wie jedes anorganische Phänomen."

Und Burr betont: „Der zur Zeit interessanteste Aspekt unserer Versuchsergebnisse ist, daß die elektrischen Eigenschaften eines lebenden Systems einerseits unmittelbar von den genetischen Anlagen dieses lebenden Systems abhängen und anderseits durch physikalische oder chemische Veränderungen beeinflußbar sind."

Bei Experimenten mit einer gewöhnlichen Schimmelart, *Physarium polycephalum,* die Burr verwendete, um die Möglichkeiten elektrometrischer Reaktion des Protoplasmas auf diverse äußere Reize chemischer und physikalischer Art zu studieren, fand er, daß der Schimmelpilz in seinen Reaktionen auf chemische oder physikalische Veränderungen auffallende Ähnlichkeiten mit Nervengeweben zeigte.

Bose hätte sich über diese Entdeckung nicht gewundert. Im Jahr 1917, als der große Guru Paramahansa ihn in seinem Laboratorium in Kalkutta besuchte, sagte er zu ihm: „Alles im Menschen ist schon in der Pflanze schattenhaft vorgezeichnet. Pflanzenexperimente werden dazu beitragen, menschliches und tierisches Leiden zu lindern."

Burr, der heute als der Entdecker der Meßbarkeit bioelektrischer Felder gefeiert wird, entwickelte auch ein Potentiometer genanntes Instrument, „das für den Pflanzenzüchter von großem Nutzen sein könnte, weil man damit die Samen mit überdurchschnittlichen Wachstumseigenschaften vorausbestimmen kann." Ein ähnliches Gerät wurde auch in Connecticut entwickelt. Lafayette Ronald Hubbard, ein Science-fiction-Autor, der in den fünfziger Jahren durch sein Buch *The Modern Science of Mental Healing* Berühmtheit erlangte, erfand das Elektropsychometer, kurz E-Meter genannt (Abb. 30). Mit diesem Gerät lassen sich wie mit Backsters Polygraphen Pflanzenreaktionen aufzeichnen.

Schon 1959 (*Garden News*, 2. Oktober 1966) hatte Hubbard herausgefunden, daß er mit Hilfe seiner E-Meter Voraussagen über die idealen Wachstumsbedingungen für bestimmte Pflanzen machen und unter Tausenden von Keimen die vielversprechendsten vorherbestimmen konnte. Außerdem war es ihm möglich, Krankheit oder Schädlingsanfälligkeit zu testen, bevor noch die ersten Anzeichen davon zu sehen waren. Hubbard ist der Ansicht, daß Pflanzen nur dann „krank" werden, wenn sie „ans Sterben denken".

Das E-Meter war ursprünglich als eine Art Seelenbarometer für Hubbards Church of Scientology entworfen worden. „Wenn jemand ein Problem hat", erklärte eine seiner Kolleginnen, „so fühlt er sich ‚beschwert', ‚belastet', ‚bedrückt' – und dieses belastende Gefühl nennen wir ‚mentale Masse'. Das E-Meter registriert diese ‚mentale Masse' auch noch in minimalen Mengen. Jeder Pflanzenliebhaber wird bezeugen, daß Pflanzen Lebensenergie besitzen. Mr. Hubbard ging von dieser Beobachtung aus einfach einen Schritt weiter und versuchte herauszubekommen, ob diese Lebensenergie bei Bedrohung nicht ähnlich meßbare Signale von sich geben würde wie die des Menschen in einer ähnlichen Situation. Wie empfindlich dieses E-Meter ist, erwies sich daran, daß es sogar bei einer ganz geringfügigen Verletzung einer Pflanze auf die Veränderung des ‚Lebensdrucks' sofort reagierte.

Wie ein Mensch empfand die Pflanze einen Schock oder ein Trauma, wenn ihr Überleben bedroht schien. Mr. Hubbards Experimente haben bewiesen, daß die Lebensenergie oder geistige Einheit der Pflanze mit der des Menschen vergleichbar ist, daß Leben in jeder seiner Spielarten auf Überleben ausgerichtet ist, und daß dessen Bedrohung zu einer Störung der geistigen Harmonie führt, die sowohl beim Menschen als auch bei der Pflanze meßbar ist.

Eigentlich war es Mr. Hubbards Ziel, die Ursache des Lebensdruckes beim Menschen zu erforschen, um ihm zur geistigen Freiheit zu verhelfen. Quasi als Nebenprodukt dieser Arbeit aber hat er wissenschaftliche Beweise für die Lebensenergie der Pflanze gefunden."

Hubbard, geboren in Nebraska, ist ein Kernphysiker, der heute in East Grinstead in England ein Forschungslaboratorium besitzt, wo er auf eigene Kosten Welternährungsprobleme studiert. Sein Vorschlag zur Lösung oder Linderung dieser Probleme besteht darin, die Leute darüber aufzuklären, daß das Gedeihen von Obst und Gemüse durch sorgfältige und liebevolle Pflege unglaublich gefördert werden kann. Im Dezember 1971 sagte er in einem Interview, daß zum Beispiel ein Nadelstich eine Tomate in schlimme „Nervenkrisen" stürzen könne. „Wenn man Gemüsepflanzen in irgendeiner Weise mißhandelt, so führt das zu Wachstumsschäden, die auf eine psychologische Störung zurückzuführen sind."

Unleugbar gibt es eine lebendige Tradition, die in der Pflanze seit jeher ein empfindungsfähiges Lebewesen sah. Die Frage ist nur, wie sich diese intuitive Erkenntnis durch wissenschaftlich erfaßbare physiologische Erfahrungstatsachen nachweisen läßt. Versuche in dieser Richtung haben, wie wir sahen, eine bemerkenswert lange und faszinierende Geschichte. Martin Ebon, Autor von Werken wie *Prophecy in Our Time* (1968) und *They Knew the Unknown* (1971), der selbst ein erfahrener Erforscher parapsychischer Phänomene ist, weist darauf hin, daß zwei führende moderne Psychologen sich mit dem Werk des deutschen Arztes und Psychologen Gustav Theodor Fechner (1801–1887) befaßt haben, der eines der grundlegenden Bücher über Pflanzenpsychologie schrieb. Der erste ist C. G. Jung, der viele seiner Ideen Anregungen Fechners verdankt und über den Ebon schreibt: „Jung, der in der zweiten Hälfte des vorigen Jahrhunderts aufwuchs, verwendet und verarbeitet in seinen eigenen Konzepten vieles von dem, was er als junger Mensch gelesen hatte. Fechners Theorien über das Gefühlsleben der Pflanzen waren zur damaligen Zeit ungeheuer populär. Sie entsprachen einem unterschwelligen Verwandtschaftsgefühl der Menschen dieser Zeit mit allem Vegetativen, vor allem mit Blumen. Während die Westeuropäer vor kurzem noch eigentlich in Wäldern und Gärten lebten, orientieren sie sich heute an Beton und Asphalt."

Der zweite ist Dr. Gardner Murphy, ehemals Präsident der Amerikanischen Psychologischen Gesellschaft und Forschungsdirektor der American Society for Psychical Research. „Eine ganze Generation heutiger Forscher verdankt Dr. Murphy Anregung und Ermutigung", schreibt Ebon, „und Murphys eigene Generation erbte Wissensdurst und Wagemut von Männern wie Fechner oder dem Pionier der amerikanischen Psychologie, William James." In seinem biographischen Essay nannte Murphy Fechner einen Vorläufer der modernen Psychologie und der wissenschaftlichen Erforschung von Phänomenen, die auf das Weiterleben der Seele nach dem Tod hinweisen. Ebon findet in Fechners Werk eine persönliche Entwicklung des Autors von einer anfänglich streng materialistischen Orientierung hin zu einem gemäßigten Mystizismus, der sich am deutlichsten in seinem starken Verwandtschaftsgefühl für Pflanzen ausdrückt.

„Der Autor der großartigen historischen Studie *The Discovery of the Unconscious* (New York 1970), Dr. Henri Ellenberger, entwickelte eine Theorie des Phänomens, das er ‚kreative Krankheit' nennt. Auch Jung kannte dieses Phänomen, und das mag zu seiner Begeisterung für Fechners Ideen nicht unwesentlich beigetragen haben. Fechner hatte eine schwere psychische Krise durchgemacht, die eine drei Jahre dauernde Erblindung bewirkte. Als er das Augenlicht wiederfand, war er so überwältigt von der Schönheit und Kraft der Blumen, daß er ein Buch mit dem Titel *Nanna, oder: Über das Seelenleben der*

Pflanzen (Leipzig 1848) schrieb: Nanna ist der Name einer germanischen Pflanzengöttin."

Ellenberger bemerkte, in Fechner habe sich eine innere Wandlung vollzogen, die ihn von der Medizin zur Philosophie und Psychologie führte. *Nanna* ist wahrscheinlich die erste Monographie, die der Pflanzenpsychologie gewidmet ist – ein besonders romantischer Zweig der allgemeinen Psychologie. Fechner untersuchte die physiologischen Aspekte des Pflanzenlebens, verglich sie mit dem Leben des Menschen und des Tieres, und schloß aus den Ergebnissen dieses Vergleichs, daß es völlig unrichtig sei, Pflanzen als seelenlose Wesen zu betrachten. Nach Ansicht Ebons kam Fechner in *Nanna* zu zehn grundlegenden Schlußfolgerungen:

1. Man sollte nicht vergessen, daß in der ursprünglichen, stark naturverbundenen Weltanschauung des Menschen die Pflanze als beseeltes Wesen galt. Dieses intuitive, ethisch fundierte Empfinden sei auch heute noch weiter verbreitet als man glaubt.

2. Trotz aller anatomischen Unterschiede hätten die Pflanzen an denselben Grundelementen des Lebens Anteil wie Tier und Mensch. Natürlich seien starke Unterschiede zwischen ihrer Seele und der unseren festzustellen; das berechtige uns aber nicht, ihnen die Beseeltheit überhaupt abzusprechen.

3. Wenn wir auch kein eigentliches Nervenzentrum in der Pflanze entdecken, so zeige sie doch Eigenschaften, die sie befähigen, genauso zu reagieren wie Tiere, die ein solches Nervenzentrum und ein genau definierbares Nervensystem besitzen. Die Auffas-

sung, daß die Pflanze gleichartiger Nerven- und Organfunktionen bedürfe wie das Tier, um äußere Eindrücke wahrnehmen zu können, sei erwiesenermaßen unbegründet.

4. Es würde unsere gesamte teleologische Weltsicht erweitern, wenn wir akzeptierten, daß auch die Pflanze beseelt ist. Die Existenz der Pflanzenseele erlaube es uns, ein sinnreiches Konzept für viele Gegebenheiten und Vorgänge in der Natur zu erstellen, die andernfalls sinnlos, leer oder zufällig erscheinen müßten.

5. Es stimme zwar, daß die Pflanze die Lebensgrundlage von Tier und Mensch ist, doch spreche das keineswegs gegen eine Anerkennung ihrer Persönlichkeit. Dienstbarkeit stehe niemals in Widerspruch mit dem Naturgesetz. Die Pflanze diene dem Tier und vice versa.

6. Zweifellos führten Pflanzen eine besonders gefährdete Existenz. Sie müßten sich von Mensch und Tier vieles gefallen lassen, ohne sich wehren zu können. Aber wir neigen zu sehr dazu, alles nur vom menschlichen Standpunkt aus zu betrachten, statt die umfassende Gegenseitigkeit aller Beziehungen in der Natur zu erkennen.

7. Auch die Fortbewegungsunfähigkeit der Pflanzen sei kein Argument für ihre Unbeseeltheit. Auch Tiere seien in ihrer Bewegungsfreiheit vielfach eingeschränkt. Warum also sollten wir bei der Pflanze etwas als Mangel beklagen, worüber nicht einmal das Tier in voller Freiheit verfügt?

8. Es gebe einen Zwischenbereich, in dem die Unter-

schiede zwischen Pflanze und Tier sich verwischen. Sogar die einfachsten Pflanzenformen besäßen zumindest alle Kennzeichen dieses Bereichs, der durchschnittliche Entwicklungsgrad des Pflanzenreiches aber liege weit darüber. Dies, und die Tatsache, daß Tier und Pflanze in derselben Schöpfungsperiode entstanden sind, verbiete es uns, eine der Gattungen über die andere zu stellen.

9. Natürlich lasse sich behaupten, daß Pflanzenwesen ein zentraler Brennpunkt fehle, daß auch ihr Organismus nicht die unabhängige Identität besitze, die das Spiegelbild der Persönlichkeit und Einzigartigkeit ihrer Seele wäre; doch auch diese Argumente beruhten auf dem Vorurteil, daß wir diesbezüglich von der Pflanze das gleiche fordern wie vom Tier.

10. Es sei sehr wahrscheinlich, daß das Seelenleben der Pflanzen von reineren Gefühlen bestimmt ist als das der Tiere, die durch ihre Fähigkeit, Vergangenheit und Zukunft einzubeziehen, vielleicht von wirklicher Weisheit abgelehnt werden. Das Leben der Pflanze scheine ganz im und für den gegenwärtigen Augenblick aufzugehen, ohne sich in „Ich" und „Über-Ich" aufzuspalten. Es könne also durchaus sein, daß die Gefühlswelt der Pflanzen nicht weniger, sondern viel höher entwickelt ist als die der Tiere.

„Es ist sehr einfach", fährt Ebon fort, „Fechner als versponnenen Pflanzenromantiker abzutun, der noch dazu übersieht, daß Pflanzen sich mit Hilfe ihrer Gifte und Dornen notfalls sehr wohl zur Wehr setzen können. Fechner spricht von den Gemeinsamkeiten zwischen

Tier und Pflanze – und unwillkürlich erinnert mich das an eine Szene bei mir zu Hause. Ich wollte mir damals unbedingt einen Hund oder eine Katze als Haustier anschaffen, worauf meine sehr realistisch denkende Frau vorschlug, ich könnte mir doch ebensogut eine dieser bedrohlich aussehenden fleischfressenden Pflanzen ins Zimmer stellen und mit kleinen Stückchen Hamburger füttern. Ganz im Ernst aber sind Fechners Ideen durch seine präzisen Laboratoriumsuntersuchungen sehr wohl fundiert. Er ist und bleibt einer der verdienstvollsten Begründer der experimentellen Psychologie."

Dr. Ellenberger erinnert daran, daß Fechners Nachfolger Dr. Wilhelm Wundt die experimentelle Psychologie an seinem Forschungsinstitut in Leipzig einführte und nach Fechners Tod – er starb 1887 im Alter von sechsundachtzig Jahren – als ihr Begründer gefeiert und gerühmt wurde. „Auch Freud", schreibt Ellenberger, „übernahm einige Begriffe aus Fechners Naturphilosophie, die er später in seine Metapsychologie einbaute. Ein großer Teil des theoretischen Gerüstes der Psychoanalyse verdankt seine Existenz also den Spekulationen des Mannes, den Freud selbst den großen Fechner nannte."

Dora von Gelder-Kunz, ein international bekanntes Mitglied der Theosophischen Gesellschaft in New York, sagte der Autorin dieses Buches folgendes: „Der theosophischen Auffassung nach ist die Natur im Zustand ständiger Evolution; innerhalb dieses Evolutionsprozesses steht die Pflanze auf der Stufe der Gruppenseele, die sich irgendwann im Verlauf dieses Prozesses zur Einzelseele des Menschen weiterentwickelt hat."

In manchen Kreisen der Theosophen herrscht auch die Ansicht, daß während einer bestimmten Evolutionsperiode hochentwickelte Wesen vom Planeten Venus zur Erde kamen und dem Menschen nicht nur soziale und moralische Gesetze, sondern auch Weizen, Bienen und Ameisen brachten. Das klingt zu phantastisch, um wahr zu sein, aber allmählich scheint es doch so, als enthielten sogar die wildesten Science-fiction-Serien im Fernsehen mehr Wahrheit, als wir dachten.

In letzter Zeit entstand ein neuer Wissenschaftszweig zur Erforschung außerirdischen Lebens, die sogenannte Exobiologie. Im September 1971 veranstalteten die Amerikanische und die Russische Akademie der Wissenschaften in der Sowjetunion den ersten internationalen Kongreß über Probleme der Kontaktaufnahme mit außerirdischen Intelligenzen. In der Zeitschrift *Psychic* (April 1973) berichtete John W. White zusammenfassend über diesen Kongreß: „Die spezifischen Anliegen: die Entstehung des Lebens auf der Erde, die Möglichkeit der Existenz anderer Planetensysteme im Universum, Entstehung und Entwicklung der Intelligenz, Probleme bei der Suche nach Signalen außerirdischen Lebens und – von schwerwiegender Bedeutung für die Menschheit – die möglichen Folgen einer Kontaktaufnahme mit außerirdischen Lebewesen." Wie White betonte, waren die Meinungen der Kongreßteilnehmer oft sehr weit auseinandergegangen, doch waren sich alle einig über die Möglichkeit, Kontakt mit außerirdischen Lebewesen aufzunehmen, und stimmten daher dem Beschluß, entsprechende Forschungsprogramme zu erstellen, zu.

Berühmte Kapazitäten, wie Professor Richard Berendzen vom Astronomischen Institut der Universität Boston, heben hervor, daß neueste Entdeckungen und Entwicklungen auf dem Gebiet der Astronomie, Biologie, Chemie, Technik und Physik „deutlich darauf hinweisen, daß eine hohe Wahrscheinlichkeit für die Existenz außerirdischen Lebens besteht".

Der sowjetische Parapsychologe Eduard Naumow hat Telepathie als Kommunikationsmittel vorgeschlagen, da ihre Intensität von der Übertragungsdistanz unabhängig sei und die Antwort ohne Zeitverlust erfolge. Auch Sprachbarrieren ließen sich dadurch überwinden, weil ESP anscheinend eher Bilder als Worte überträgt. Und wer weiß – vielleicht wird eine Pflanze dabei als Katalysator dienen.

8

Pflanzenkulte

In manchen griechischen Sagen wird Phoroneus als Sohn einer Baumnymphe bezeichnet, anderen zufolge soll er einer Esche entstammen. Attis entstand angeblich aus einer Mandel, während Myrrha in eine Myrrhe verwandelt wurde. Jupiter Feretrius, der Göttervater der Römer, sei einstmals ein Baum gewesen, und die ägyptische Göttin Hathor wird aus einem Baum emporsteigend dargestellt.

In früheren Zeiten wurde als Tatsache angenommen, daß der Mensch von einem Baum abstammt, und das mit der gleichen Sicherheit, mit der wir heute Darwins Entwicklungstheorie als richtig anerkennen. Vergil erwähnt diesen Glauben in der Äneis, und der griechische Dichter Hesiod meint, der Mensch habe sich aus den Samen der Esche entwickelt. Der berühmte alexandrinische Gelehrte Hesychius fand zahlreiche Sagen, in denen ebenfalls Eschensamen als Samen der Menschheit bezeichnet werden. In der Odyssee war es die Eiche, in Indien wieder der Feigenbaum, und die Sachsen hatten ihre Weltensäule, einen Baumstamm, der den Lebensbaum darstellte. In Rußland und China gab es metallene Weltbäume.

Fast alle Völker glaubten an einen Baum als Weltachse, dessen Stamm Himmel, Hölle und Erde verband. Dieser uralte Glaube geht auch aus den beiden Büchern der nordischen Edda hervor, die das gesamte Spektrum von Glaube und Kultur der vorchristlichen Zeit in Skandinavien umfassen. Danach stamme die gesamte Menschheit von der Esche und der Ulme ab. Unser Wort „Esche" leitet sich vom nordischen „Aska" ab, das „Mensch" bedeutet.

Eine der Sagen erzählt, daß Odin, Allvater und oberste Gottheit, zusammen mit seinen beiden Brüdern zwei Bäume in einen Mann und eine Frau verwandelt habe, die dann die Eltern der Menschheit wurden. Und jeder kennt die Sage von Yggdrasill, der Weltesche, die Odin heilig war und deren Wurzeln in das Universum reichten. Yggdrasill und die Auffassung, daß der Mensch von einem Baum abstamme, scheinen mit dem Baum des Lebens der Genesis zusammenzuhängen.

In der Kabbala, der mystischen Lehre der Hebräer, gibt es eine Darstellung der Welt in Form eines Baumes, genannt Lebensbaum. Zehn verschiedenfarbige Granatäpfel hängen an dem Baum, die verschiedenen Erscheinungsformen Gottes symbolisierend. Die rechte Seite des Baumes ist männlich, die linke weiblich, und eine in der Mitte durchlaufende Linie vermittelt zwischen ihnen und schafft Harmonie.

Der Granatapfel ist die Frucht Israels. Mohammed sagte von ihm: „Esset den Granatapfel, denn er läutert den Organismus von Neid und Haß." Es heißt, man sehe den Davidstern darin eingebettet, wenn man die Frucht durchschneidet.

Auch das christliche Kreuz ist ein Baumsymbol. In

der Apostelgeschichte, 5,30, heißt es: „Der Gott unserer Väter hat Jesum auferweckt, welchen ihr erwürgt habt und an das Holz gehängt." Der gleiche Hinweis findet sich in der Apostelgeschichte 10,39, Galater 3,13 und 1 Petrus 2,24. Man glaubte, der Tod Christi am Holz (Baum) sei die Versöhnung des Lebens in der Unterwelt mit dem Vater in der Höhe.

Die Verehrung von Pflanzen gehörte zu den ersten Formen der Religion. Der Mensch stattete Pflanzen mit mystischen und heiligen Eigenschaften aus und hielt manche für beseelt und von Gottheiten – Feen oder Dämonen – bewohnt. Er kannte die Pflanzen, wußte, welche tödlich waren, welche heilen und welche ihn ernähren konnten; wußte um die Funktion der Jahreszeiten und versuchte, die Pflanzen durch Zaubergesänge zu beeinflussen, damit sie reiften. Die Semang, ein in den Bergen lebendes negroides Nomadenvolk, singen den Fruchtknospen folgendes Lied:

Sie wachsen und wachsen, die Knospen,
Sie wiegen sich her und hin, die Knospen,
Es bläst sie, die Knospen
Der Wind, die Knospen.
Sie drehen sich um und herum, die Knospen,
und schaukeln auf und nieder, die Knospen.

Die Verehrung von Pflanzen hatte wahrscheinlich begonnen, als der primitive Mensch in jener dichten, verwirrenden urzeitlichen Welt bemerkte, daß Pflanzen und niedere Tiere Krankheiten und Tod ebenso unterworfen waren wie er selbst. Das Leben der geheimnisvollen riesenhaften Bäume, die gerade emporwuchsen, sich in einem feststehenden Zyklus immer wieder neu belebten, von Säften durchströmt, schienen seinem Leben zu gleichen. Zweifellos glaubte er, daß seltsame verborgene Kräfte im Spiel waren. Die Langlebigkeit der Bäume ließ in ihm den Wunsch aufkommen, daß sie auch über ihn herrschen sollten, damit sie auch ihm ein langes Leben bescherten.

Die Dajaks auf Borneo versichern, daß im Reis ein Geist wohnt, und sie halten Feste ab, damit dieser Geist darin wohnen bleibt und ihre Ernte nicht zugrunde gehe. Die Karens, ein Volksstamm Südburmas, glauben, daß Pflanzen und Tiere ihren Geist haben; die Südseeinsulaner, daß der Blumenduft eine Seele habe. Die Kokosnuß vergehe vor Gram, wenn sie keine menschliche Stimme höre, meinen die Singhalesen, und Eisenkraut und Borretsch könnten nur gedeihen, wenn jemand in der Nähe wohnt. Die Miami-Indianer versichern, daß im Mais ein Geist haust, und die Irokesen glauben, daß die Geister, die Mais, Bohnen und Kürbis bewohnen, sich in drei Jungfrauen verwandeln können.

In der Walachei in Rumänien wird angenommen, die Blumen, insbesondere die Wasserrose, hätten eine Seele. Nach der Überlieferung blüht sie am Himmelstor, ist die Richterin über die anderen Blumen und befragt sie, ob sie guten Gebrauch gemacht hätten von ihrem Duft. Jenen, die ihr Leben vergeudet haben, erlaubt sie die Wiedergeburt auf Erden, damit sie lernen, ihren Duft weise einzusetzen; diejenigen, die es gut gemacht haben, läßt sie aber ein ins Paradies, wo sie ewig blühen.

Es gibt viele Legenden über Wasserpflanzen. So soll

die europäische Wasserrose dem hl. Petrus als Helferin beistehen, wenn er Recht spricht über die Seelen. In der europäischen Folklore kommen zahlreiche Pflanzen vor, denen wegen ihrer eigenen Empfindsamkeit oder derjenigen der Götter oder Wesen, die sie bewohnen, kein Leid zugefügt werden darf.

Manche Siamesen opfern den Bäumen Kuchen und Reis, bevor sie diese schlägern, um ihnen ihre Ehrfurcht zu bezeigen. In Teilen Burmas beten die Menschen bei dieser Gelegenheit zum Geist des Baumes. Die Ojibeways glaubten, daß der Baum eine Seele hat, und fällten Bäume nur selten, aus Angst, ihnen Leid zuzufügen.

In den Religionen der Antike – ob in Indien, Mesopotamien, Ägypten oder in der Ägäis – gab es zahlreiche Gottheiten, die mit Bäumen verbunden waren. Die Göttin Artemis wohnte in der Zeder, dem Haselnußstrauch, in der Myrthe und in der Weide; Athene wieder im Olivenbaum. Schließlich begannen die Anhänger von Baumkulten ihre Götterstatuen aus den Baumstämmen zu schnitzen.

In der persischen Mythologie symbolisierte die Zypresse Ahura Mazda, den höchsten Gott des Pantheon. Gautama Buddha soll dreiundvierzigmal als Baumgeist wiedergeboren worden sein, bevor er der Mensch wurde, der unter dem heiligen Feigenbaum in Anuradhapura auf Ceylon der Erleuchtung teilhaftig wurde. Im Kongo pflanzt man den Mirronebaum in der Nähe des Hauses zu dessen Schutz. Zu Füßen des Baumes legt man Kalebassen mit Palmwein, damit er nie Durst leide.

Die Eiche scheint eine der am meisten angebeteten Bäume gewesen zu sein. Die Druiden, die keltische Priesterkaste Galliens, Britanniens und Irlands, hielten sie heilig. Es gibt heute noch Druiden, Abkömmlinge der Anhänger eines Kultes, der vielleicht bis in die Jungsteinzeit zurückreicht. Ihr Name stammt von dem Wort „Eiche", laut Encyclopaedia Britannica, Artikel „Man, Myth and Magic", heißt „Druid" soviel wie „Wissen um die Eiche". Wahrscheinlich ist der Begriff mit dem griechischen Wort „drys", die „Eiche", und der indogermanischen Wurzel „wid" – „wissen" verwandt. In seinem Buch *The White Goddess* schreibt Robert Graves, daß das walisische Wort *derwydd* „Eichenseher" heißt und meint, das Wort Druid dürfte sich davon ableiten.

Die Druiden betrachten eine Eiche als heilig, wenn sie von Misteln bewachsen ist. Im Alten Testament ist die Mistel das Symbol für den Messias und die Eiche der Baum Jesse. Die Mistel findet sich im übrigen sehr selten auf Eichen, meistens befällt sie Apfelbäume oder andere. Aus den wenigen Quellen über die Druiden erfahren wir, daß sie für viele ihrer Zeremonien auf Eichen gewachsene Misteln sammelten. Nur mit Gold durfte die heilige Pflanze berührt werden, also wurde sie unter größter Vorsicht, die Hände durften nicht daran streifen, mit einer goldenen Sichel so geschnitten, daß sie auf ein weißes Tuch fiel. Zwei weiße Stiere wurden geopfert, um die Schutzkräfte der Pflanzen zu sichern. Dann wurde die Mistel ins Wasser gelegt und das Wasser an die Gläubigen verteilt, zum Schutz vor dem Bösen.

Wenn die Mistel trocken wird, bekommen ihre Blätter einen goldenen Schimmer. Zweifellos war es dieses Stadium, das Vergil als „blättriges Gold" schildert, das im Dunkeln auf einer Eiche glänzt. Der Titel eines großartigen Buches von Sir James Frazer lautet *The Golden Bough* (Der goldene Zweig), auch einer der Namen für diese Zauberpflanze. Die Sage weiß zu erzählen, daß die Mistel einst ein Baum war, aus dem das Kreuz Christi geschnitten wurde. Daß sie dann ein Parasit wurde, gilt als Ausdruck ihrer Schande, die sie auf ewige Zeiten tragen muß.

Lange vor der Zeit der Druiden war die Eiche bereits der heilige Baum Europas, insbesondere Skandinaviens. Zahlreiche Sagen ranken sich um ihre mächtigen Äste. Die Anhänger Baals opferten unter der Eiche oder in einem Eichenhain. Homer spricht von der Eiche als einer Garantin der Sicherheit, in deren Schatten feierliche Verträge geschlossen wurden. Auch war sie der Baum, aus dessen Rauschen von dem berühmten Zeus-Orakel in Dodona geweissagt wurde. In der Bibel steht, daß sie für die Anbeter Jahwes von besonderer Wichtigkeit war.

Der französische Schriftsteller und Gelehrte Charles de Brosses, der den Ursprung der Sprachen studierte *(Du culte des dieux fétiches* schrieb 1760 über die Anbetung der Eiche bei den Kelten. Unser Wort „Kirche" stammt, wie er sagt, von *quercus,* der lateinischen Bezeichnung der Eiche.

In Skandinavien glaubte man, die Eiche stünde unter dem Schutz Thors, des Donnergottes. In anderen Ländern bewahrt man – angeblich auch heute noch – zu Hause Eicheln auf; sie sollen vor Blitzschlag schützen. Auch von Lorbeer, Ulme, Stechpalme und Ölbaum glaubte man, daß sie den Blitz von Mensch und Haus fernhalten. Zu Thors heiligen Bäumen gehörte auch der Hasenußstrauch, den die Bajuwaren als verläßlichsten

Blitzschutz ansahen. Deutsche Bauern machten beim ersten Gewitter des Jahres mit Haselnußzweigen das Kreuzeszeichen über ihren Feldern. Man glaubte, daß dies das Getreide schützen würde. Die Chaldäer, Ägypter, Hebräer und auch die nordischen Völker benutzten Äste von Haselnußsträuchern als Blitzableiter.

Die Stäbe des Moses und des Aaron stammten vom Haselnußstrauch. Der jüdischen Überlieferung zufolge habe es den Stab Moses bereits im Garten Eden gegeben, er sei Adams Stab gewesen, und dann über Noah, Sem, Abraham, Isaak, Jakob und Josef an Moses gekommen. Traditionsgemäß benutzten Priester und Zauberer beim Wahrsagen und Zaubern Stäbe vom Haselnußstrauch. Sie werden heute noch von Wünschelrutengängern bevorzugt, wenn diese nach Quellen oder Wasseradern suchen.

T. F. Thiselton-Dyer (*The Folklore of Plants*) zufolge, wurden in Rußland, Böhmen und England noch 1880 Pflanzen angebetet. In der Pfingstwoche, wenn die russischen Mädchen in den Wald gingen, um „die Birke zu holen" und Blumen für Kränze zu pflücken, wurde folgendes Lied gesungen:

> Freut euch nicht, Eichen
> Freut euch nicht, grüne Eichen
> Nicht zu euch gehen die Mädchen
> Nicht euch bringen sie Kuchen,
> Backwerk, Omeletten.
>
> So, so Semik und Troitsa (Dreifaltigkeit)!
> Freut euch, ihr Birken

Freut euch, ihr grünen!
Zu euch gehen die Mädchen
Euch bringen sie Kuchen,
Backwerk, Omeletten.

Wahrscheinlich stammt das Lied noch aus einer früheren Zeit, als der Birke, dem Frühlingsbaum, Speisen geopfert wurden.

Lange glaubte man, Gebete, Lärm und Saufgelage förderten das Pflanzenwachstum. In Böhmen knieten die Leute vor einen Baum nieder und beteten laut: „Ich bete, o grüner Baum, Gott möge dich gut machen." Abends rannten sie durch ihre Gärten und schrien: „Tragt Knospen, o Bäume, tragt Knospen, oder ich schlage euch." Am nächsten Tag schüttelten sie die Bäume und rasselten mit den Schlüsseln, während die Kirchenglocken läuteten. Durch den Lärm und das Schütteln, meinte man, würden die Bäume mehr Früchte tragen.

Im englischen Devonshire, herrschte der Brauch, am zwölften Tag nach Weihnachten nach dem Abendessen den Apfelbäumen zuzuprosten. Der Bauer ging mit einem großen Eimer voll Apfelmost in den Obstgarten und prostete seinen besten Bäumen mit einem Glas Most und folgendem Trinkspruch zu

Gesundheit, braver Apfelbaum,
dies soll für dich fließen,
damit die Taschen voll werden, die Hüte,
die Scheffel und die Säcke.

Dann schüttete er den Most auf die Bäume. Dieser

Kult war auf den Britischen Inseln und in anderen europäischen Ländern bis Anfang des zwanzigsten Jahrhunderts lebendig. Weitere Bräuche um den Apfel waren Sprüche für gutes Wachstum, während die Zweige in Apfelmost getaucht wurden, oder Schlagen der Bäume mit Stöcken, das Abgeben von Schüssen auf sie, oder das Anbieten von Speisen und gebratenen Äpfeln.

Zu allen Zeiten machten die Dichter Bäume und Pflanzen unsterblich. Und wir finden es ganz natürlich, daß unsere heidnischen Vorfahren sie verehrten und heilig hielten. Für den primitiven Menschen bedeuten Sagen *wahre Berichte,* die seine Existenz auf Erden erklären. Diese Geschichten, die erzählen, wie übernatürliche Wesen ihre heilige Macht ausüben, waren für sie lehrreiche Beispiele, die dem menschlichen Leben mehr Bedeutung gaben. Viele Pflanzen werden, wie erwähnt, heute noch als heilig betrachtet; wie der Glaube an Baumgeister und die Gebete vor dem Fällen zeigen.

Fast überall wurde der Feigenbaum mit der Schöpfung in Verbindung gebracht. Seinen zahlreichen Abarten wurde in fast allen Religionen und Kulten der Geschichte gehuldigt. Die Bibel erwähnt als erste Pflanze den *Ficus carixa,* laut Encyclopaedia Britannica („Man, Myth and Magic") kommt er darin siebenundfünfzigmal vor. Ein Feigenbaum vor der Stadt On wurde den Besuchern gegenüber jahrhundertelang als Rastplatz der Heiligen Familie auf ihrer Flucht nach Ägypten bezeichnet. Man glaubte auch, der Stamm hätte sich für Maria und Josef geöffnet, als sie von Herodes' Soldaten verfolgt wurden.

Die Römer glaubten, ein Feigenbaum – *Ficus ruminalis*

– hätte eigentlich die Stelle bestimmt, an der dann Rom entstand, denn die Wiege der ausgesetzten Zwillinge Romulus und Remus verfing sich in den Wurzeln eines Feigenbaumes, als sie den Tiber hinuntertrieb. Den Anhängern des Bacchus galt der Feigenbaum als Fruchtbarkeitssymbol. Für die tibetanischen Buddhisten ist er die „Brücke der Sicherheit". Das Fruchtfleisch der Feigen, die im Zisterzienserkloster in Rom gedeihen, soll ein grünes Kreuz aufweisen, mit je einem Samen in den Winkeln, angeblich ein Abbild der fünf Wunden Christi. Viele Völker betrachten den Feigenbaum heute noch als heilig, und in Amerika werden seine Produkte als Hausmittel hoch geschätzt.

Die Tanne ist der ursprüngliche Weihnachtsbaum. Warum, können wir nur raten, aber es gibt eine volkstümliche Geschichte darüber. Im Harz in Mitteldeutschland pflegten junge Mädchen um eine Tanne herumzutanzen, um einem Kobold, der sich in den Zweigen versteckte, den Weg abzusperren. Nur gegen Geschenke wollten sie ihn freigeben. Viele Sagenforscher haben diese Geschichte übernommen, und sie mag wohl der Ursprung der langen Laufbahn des Weihnachtsbaumes sein.

Attis, der Sohn des phrygischen Adonis Nana, wurde von Kybele, der Göttermutter, in eine Tanne verwandelt, als sie ihn sterbend, mit einer Wunde, die ihm Zeus zugefügt hatte, unter einem solchen Baum fand (eine andere Version besagt, daß ihn ein phrygischer König entmannt hatte). In der römischen Sage verhinderte Rhea seinen Tod, indem sie ihn in eine Tanne verwandelte. Jupiter versprach ihr, der Baum würde ewig grünen. Aus Attis' Blut sollen Veilchen gewachsen sein, und beim Frühlingsfest der Kybele wurde eine Tanne gefällt, in Tücher gehüllt und, mit Veilchen geschmückt, in das phrygische Heiligtum getragen. Am dritten Tag, dem sogenannten Tag des Blutes, fügten sich die Priester, durchwegs Eunuchen, Wunden zu. Es kam vor, daß die Aufregung während der Zeremonie sich so steigerte, daß Männer sich selbst kastrierten. Auch die Tanne gehört im übrigen zu den Bäumen, von denen angenommen wird, daß aus ihrem Holz das Kreuz Christi gemacht worden wäre.

Die heilige Blume der Ägypter, Inder, Tibeter und Chinesen war der Lotus. In den Sagen der Ägypter und Hindu erschien die Lotusblume oder Wasserlilie als erstes auf Erden. Als sich ihre Blütenblätter auftaten, enthüllte sie die oberste Gottheit. Ihre runden Blätter und die kugelförmige Frucht symbolisieren den Intellekt, und ihr Aufsteigen aus dem Schlamm bedeutete die Überlegenheit des Geistes über die Materie: Gott, inmitten der Blume sitzend, stellte die Herrschaft des Geistes dar.

In Ägypten wurde die weiße *Nymphaea* am höchsten verehrt. Sie war dem Osiris geweiht, und die blaue *Nymphaea* der Isis. Die weiße *Nymphaea* wurde auch in Indien verehrt, aber nie mit solcher Ehrfurcht wie das *Nelumbium nelumbo*, der Lotus, mit seinen duftenden roten, tief rosa und weißen Blüten. Aus ihm entstiegen nämlich die ersten Götter, und Brahma war sein Schöpfer. Auch in China erschien Buddha auf dem Nelumbium sitzend.

Viele Pflanzen, die man mit den alten Göttern in Verbindung gebracht hatte, wurden später Attribute der

Heiligen und Christi selbst. Die Madonnenlilie oder weiße Lilie scheint eine solche heilige Pflanze zu sein. In Kreta war sie der „süßen Jungfrau" Britomartis gewidmet, die später Dictynna, „Mutter der Netze" wurde, nachdem sie auf der Flucht vor dem Minos in einem Fischernetz gerettet wurde. Die Lilie war die Blume der griechischen Göttermutter Hera, unter anderem Göttin der Ehe oder der Geburt. Die Lilie wurde auch Junos (der römischen Göttermutter) Rose genannt. In der römischen Sage mußte Somnus, der Gott des Schlafes, auf Jupiters Geheiß für seine Frau Juno einen als Nektar getarnten Schlaftrunk brauen. Während sie schlief, legte ihr Jupiter Herkules an die Brust, auf daß er himmlische Milch trinke und unsterblich werde. Als er ihn von der Brust nahm, floß Junos Milch aus – daraus entstand die Milchstraße. Ein Tropfen aber fiel auf die Erde, und daraus entsproß die Lilie.

Es ist nicht sicher, zu welcher Zeit die Lilie der Jungfrau Maria gewidmet wurde, aber ein Buch namens *View of All the Religious of the World* von Ross aus dem Jahr 1696 erwähnt den Prinzen Garcia, der 1048 in Nagera den Orden der Lilie von Navarra gründete. Er wurde durch ein Wunder von einer Krankheit geheilt, als er das Bildnis der Jungfrau aus einer Lilie aufsteigen sah. Aus Dankbarkeit gründete er den Orden der Ritter .Mariä von der Lilie, dem achtunddreißig Ritter angehörten. „Jeder von ihnen trägt auf der Brust eine Lilie aus Silber und eine doppelte Kette aus Gold, gefügt aus dem göttlichen Buchstaben M für Maria. Am Ende der Kette hängt eine Fleur-de-Lys-Lilie mit dem selbigen Buchstaben M und einer Krone." Ludwig IX. von Frankreich gründete 1234 einen ähnlichen Orden, dessen Mitglieder eine Kette aus silbernen Madonnenlilien trugen, als Zeichen der Reinheit, verschlungen mit goldenen Kleeblüten zum Zeichen der Demut.

Die weiße Lilie wird immer noch sehr verehrt, obwohl die Osterlilie die Madonnenlilie als Kirchenschmuck vielfach ersetzt hat. Viele Pflanzenarten, die den antiken Göttern heilig waren, wurden später mit der Kreuzigung sowie mit den Heiligen und Propheten in Verbindung gebracht.

Die Rose war eine der Blumen, die speziell mit der Madonna in Verbindung gebracht wurde. Sie wurde aus den Hainen der großen Göttin Diana entführt, der vielgestaltigen und vielgesichtigen Göttin zahlreicher Zivilisationen, und auf die Jungfrau Maria übertragen.

Die rote Anemone symbolisiert den Tod des Adonis. Ihre roten Blüten sind die Blutstropfen, die er vergoß, als er von einem Eber getötet wurde. Diese Blume gehört zu den vielen, die heute als „Blutstropfen Christi" bezeichnet werden.

Auch das Frauenhaar (Farnkraut) im Englischen als „Our Lady's hair" (Marienhaar) bekannt, und die Narzisse, ursprünglich der römischen Göttin Proserpina heilig, wurden vom Christentum übernommen. Das Eisenkraut, in der klassischen Mythologie Merkurs Blut, Junos oder Iris' Tränen genannt, heißt auch „Kraut des Kreuzes".

Frühe buddhistische Aufzeichnungen lassen darauf schließen, daß es damals strittig war, ob Bäume eine Seele hatten und ob man sie verletzen dürfe. Der spätere orthodoxe Buddhismus vertrat den Standpunkt, daß

Bäume Seele oder Verstand hätten, weil gewisse Dewas (Geister) in ihnen wohnten und aus ihnen sprachen.

Man glaubte, Bäume wären Orakel, weil ihre Wurzeln Verbindungen mit der Unterwelt hatten. Sie konnten mit den Toten sprechen und Wissen und Weisheit aufnehmen, die sich diese während ihres Lebens angeeignet hatten. Manche Bäume hielt man für Gott und Orakel zugleich. Die Mesopotamier glaubten an die Zeder als den heiligen Baum des Ea oder Enki, Gott der Gewässer, der die für die Nahrung nötigen Pflanzen wachsen ließ.

Das Alte Testament erwähnt zahlreiche „sprechende Bäume". In Richter, 9,37, kommt die „Zaubereiche" bei Sichem vor; in 2 Samuel 5,23 und 24 erfährt David durch die Maulbeerbäume, wann er die Philister angreifen soll. Gott sprach zu Moses aus dem brennenden Dornbusch.

Dann gibt es die heilige Platane der Anhänger des Zarathustra in Armaviva im Kaukasus und die heilige Palme der vorislamischen Araber in Nejran. Die alten Preußen glaubten, die Eichen seien Orakel. Die Gläubigen lebten rund um die heilige Eiche, ihrem wichtigsten Heiligtum, und ihr Hohepriester wurde „Gottes Mund" genannt. Auch für die Griechen war die Eiche, wie erwähnt, der heilige Baum des Orakels.

Lauris nobilis, der Lorbeer, galt ebenfalls als Orakel. Seher kauten Lorbeerblätter oder atmeten den Rauch glosender Lorbeerblätter ein, um sich in Trance zu versetzen. Wenn man Seher um Rat ersuchte, trug man einen Lorbeerkranz auf dem Kopf. Später genügte dem Medium ein Lorbeerzweig, um Weissagungen machen zu können. Wer ein Lorbeerblatt unter sein Kopfkissen legte, träumte seine Zukunft.

Es gibt in der Geschichte aller Völker und Kulturen Sagen über Pflanzenmetamorphosen. Unter anderen finden sie sich in den Werken von Empedokles, Ovid, Dante, Tasso und Spenser. Myrrha, die Mutter des Adonis, wurde in eine Myrrhe verwandelt, Narzissus in die Blume gleichen Namens. In Ovids „Metamorphosen" liebten Philomen und Baucis aus Phrygien einander so sehr, daß sie im Alter Selbstmord verübten, um nicht durch den Tod getrennt zu werden. Jupiter verwandelte sie in Bäume, und bald verwoben sich ihre oberen Zweige.

Hunderte Legenden erzählen von den Geistern Verstorbener, die zu Blumen wurden. Die Mexikaner nennen die Ringelblume „Todesblume" – sie soll aus dem Blut der Indianer gewachsen sein, die von den spanischen Kolonisatoren des Goldes wegen erschlagen worden waren. Eine ähnliche Geschichte berichtet von den Mohnblumen, die nach Wellingtons Sieg auf dem Schlachtfeld von Waterloo aus dem Blut der Gefallenen sprossen. In der deutschen Überlieferung wird die Seele eine Blume, meistens eine weiße Lilie oder eine weiße Rose. Auch Shakespeare schöpfte aus der Mythologie; in Hamlet läßt er Laertes wünschen, es mögen Veilchen aus Ophelias Körper sprießen.

Westliche Anhänger der Wiedergeburt glauben im allgemeinen nicht an Seelenwanderung zwischen Mensch und Pflanze; gewisse Hindusekten jedoch vertreten die Auffassung, daß es sie gibt. Der Kaktus und der Giftsumach sollen Reinkarnationen von Verbrechern oder anderen bösen Menschen sein.

Der griechische Mystiker Pythagoras von der Insel Samos soll eine Reinkarnation des Apollon gewesen sein. Er übernahm die Theorie von der Seelenwanderung von den Indern. Schriftsteller des 5. Jahrhunderts behaupten, er habe manchmal unter dem Namen Orpheus geschrieben, des legendären Sängers, der mit seiner Musik Flüsse aufhalten und Bäume versetzen konnte. Die Pythagoräer beziehen sich auf einen Vers des Orpheus, wenn sie das Essen von Bohnen verbieten. Das lateinische Wort *anima* und das griechische Wort *pneuma* bedeuten Atem, Seele oder Geist. Das orphische Tabu dürfte dem Gedanken entspringen, daß das spiralenartige Wachstum der Bohnen um eine Stange herum die Auferstehung verkörpere, und daß die Geister in die Bohnen schlüpfen, in der Hoffnung, als Menschen wiedergeboren zu werden. Auch von Thymian und Fingerhut glaubte man, sie seien von verstorbenen Seelen bewohnt.

Blumen spielten in Zeremonien und Riten primitiver Völker eine wichtige Rolle, insbesondere bei Fruchtbarkeitsfesten. Die Altarblumen mancher Völker waren so heilig, daß es verboten war, sie zu berühren oder daran zu riechen.

Die Tempel der Götter wurden zu gewissen Jahreszeiten auf das prachtvollste mit Blumen geschmückt. Der Ruanveli, eine riesenhafte singhalesische Stupa, ein kuppelartiger buddhistischer Kultbau von zweiundachtzig Meter Höhe, größer als die meisten ägyptischen Pyramiden, wurde von oben bis unten mit Blumen geschmückt, bis er ein Blumenberg von unglaublicher Schönheit war.

In Dambedenia wurden dem Tempel im 13. Jahrhundert täglich hunderttausend Blumen verschiedener Art geopfert. Auch in Griechenland, Japan, China, Indien und Polynesien wurde und wird von Blumen ausgiebig Gebrauch gemacht.

Die Römer verehrten Blumen sehr. Zur Zeit des Zweiten Punischen Krieges wurden Personen, die in der Öffentlichkeit mit einem festlichen Blumenkranz angetroffen wurden, schwer bestraft. In *Folklore of Plants* berichtet T. F. Thiselton-Dyer von einem Mann namens Lucius Fulvius, der zu sechzehn Jahren Gefängnis verurteilt worden war, weil er „mit einem Kranz von Rosen auf dem Kopf vom Balkon eines Hauses heruntergesehen hatte".

Fast alle Pflanzen hatten in sämtlichen Kulturen der Geschichte symbolische Bedeutung. Der Olivenzweig, der Ölzweig, wird weltweit als Zeichen des Friedens und der Freundschaft angesehen. Die griechische Mythologie weiß zahlreiche Entstehungsgeschichten dazu. Die Bibel weist vielfach auf die Olive als Nahrungsmittel hin, sowie auf ihre symbolische Bedeutung. Gabriel soll einen Olivenzweig getragen haben; der gleiche Zweig ist auch eines der vielen Attribute der Jungfrau Maria. Christen des Mittelalters meißelten auf Grabsteinen von Märtyrern einen Olivenzweig ein, als Zeichen für Friede und Versöhnung.

Die symbolische Bedeutung von Stechpalme, Efeu und Mistelzweig, die vom amerikanischen und englischen Weihnachtsfest nicht wegzudenken sind, ist heidnischen Ursprungs. In stärkerem Maß als jede andere Pflanze sind Stechapfel und Efeu Sinnbild der Unsterblichkeit, wahrscheinlich, weil ihre immergrünen Blätter auch im tiefsten Winter glänzen. In der frühchristlichen Zeit wurde Efeu als Zeichen des ewigen Lebens Christi über die Gräber gestreut. Die Druiden glaubten, daß der der Stechpalme innewohnende Geist für deren glänzendes grünes Blattwerk und die strahlend roten Beeren sorge. Die stacheligen Blätter und roten Beeren wurden zum christlichen Symbol der Dornenkrone: die Beeren veranschaulichten die Sünden dieser Welt und das Blut, das Er für sie vergossen hat.

Man nimmt an, daß Stechpalme und Efeu erstmalig als Dekoration bei den römischen Saturnalien Verwendung fanden, ein Fest, das viel Ähnlichkeit hat mit unseren Weihnachten. Zu diesem Anlaß schmückten die Römer ihre Zimmer mit immergrünen Pflanzen und beschenkten einander.

Nach christlichen Legenden soll das Kreuz aus Mistelholz gefertigt worden sein. Die Kirche ächtete jedoch die Mistel im 18. und 19. Jahrhundert, weil das Druidentum plötzlich zunahm; in der Nachbarschaft von mit Misteln bewachsenen Apfelbäumen tauchten nachgemachte Misteleichen und Nachbildungen von Stonehenge auf. Die englische Sitte, sich unter einem Mistelzweig zu küssen, rührt von dem uralten Glauben an die Mistel als Fruchtbarkeitssymbol her. Eine Frau, die man unter einer Mistel küßte, wurde angeblich bald schwanger.

Halloween (in den angelsächsischen Ländern ein Fest am Vorabend von Allerheiligen) und das „Apfelfischen" gehören zusammen. Auch das ist ein Relikt von Zeremonien früherer Zeiten. Der Apfel ist ein Unsterblichkeitssymbol. Den Griechen und Kelten war er ein Zei-

chen der Verjüngung und Sehnsucht, das ihren Liebes-
göttinnen heilig war. Walisische Legenden erzählen von
einem Paradies voller „Avalon" genannter Apfelbäume,
in das Könige und Helden nach ihrem Tod kommen. In
Wales gilt der Apfel als Glückssymbol. Das Äpfelfischen
zu Halloween, bei dem man mit Mund und Zähnen
einen im Wasser schwimmenden Apfel „angeln" muß,
war ursprünglich als Heiratsorakel gedacht. Jeder Spieler
setzt einen Apfel aufs Wasser. Der Eigentümer des
Apfels, den man erwischt, wird der zukünftige Ehepart-
ner.

Und was wäre der Tag des Nationalheiligen St. Patrick in Irland ohne den Schamrock, das dreiblättrige
Kleeblatt, das jeder Ire am Hut, am Kragen oder am
Rockaufschlag trägt? Die Geschichte des dreiblättrigen
Kleeblatts als Zeichen der Dreieinigkeit kann bis in vor-
christliche Zeiten verfolgt werden. Der heilige Patrick
stand zweifellos unter dem Einfluß der ägyptischen Kirche, die sich zu seiner Zeit sehr für gälische Angelegen-
heiten interessierte. Tatsächlich soll er in dem von Ägypten gegründeten Kloster von Lerin studiert haben. Die
ägyptische Dreieinigkeit Osiris, Isis und Horus stellte
Vater, Mutter und Kind dar. In Alexandrien verehrte
man die Götterdreiheit Serapis, Isis und Harpokrates
(Horus). St. Patrick, der das dreiblättrige Kleeblatt als
Symbol christlicher Dreifaltigkeit einsetzte, verlieh damit
dessen ohnehin schon magischer Kraft eine weitere
Dimension.

Pflanzen spielten eine wichtige Rolle in Leben und
Sprache aller Zivilisationen. Die alten Druiden hatten
ihre Lehr- und Lernstätten im Schatten großer Bäume,

und in der keltischen Sprache ist das Wort „Bäume" identisch mit „Buchstaben". Die Sage von Câd Goddeu (Die Schlacht der Bäume) ist das bekannteste Beispiel für die Zauberkraft der Druiden. Offensichtlich gebrauchen die heutigen Druiden ihr Alphabet nur zum Wahrsagen.

Die Chinesen, deren historische Aufzeichnungen die ältesten der Welt sind, gebrauchten eine vollständige, unkomplizierte Blumensymbolik. Botschaften wurden und werden noch in Form von Blumenzeichen übermittelt, die in kunstvollen Stickereien zu finden sind. Die Ägypter kannten eine Art Blumen-Telegrafie, die noch nicht ganz entziffert ist.

Es ist nicht bekannt, wer als erster Blumen zur Übermittlung von Botschaften gebrauchte, aber zweifellos ist dieser Gebrauch so alt wie die Sprache selbst. Die „Blumensprache" spricht heute noch „Bände".

Obwohl es in jedem Land andere Auslegungen gibt, ist die Rose, die „Blume der Liebe", wohl die wichtigste in diesem Wörterbuch. Vor allem im viktorianischen England war dieses romantische System besonders beliebt: ein Freier konnte mit einem Strauß verschiedenfarbiger Rosen eine unendliche Vielfalt von Empfindungen und Gedanken übermitteln. Die rote Rose bedeutete Leidenschaft, eine weiße vergeistigte Liebe, die gelbe Untreue...

Die Anemone bedeutete Weigerung, die Aprikose schüchterne Liebe oder Zweifel; die Azalee flüchtige Leidenschaft. Die Brombeere ließ auf Eifersucht schließen, Frauenschuh auf Unehrlichkeit, die Gardenie deutete auf geheime Liebe hin, Gras auf Unterwerfung, die

Sonnenblume auf opferbereite Hingabe, Efeu sprach von vertrauender Liebe und Treue, Jasmin von Liebreiz, Freude und Leidenschaft. Zitronenblüten symbolisierten Treue, Fliederzweige neue Liebe, Maiglöckchen wiedergefundene Liebe, Ringelblumen Eifersucht und Verzweiflung; Myrthen bedeuteten Liebe, Narzissen Eigenliebe, Orangenblüten Keuschheit und Heirat; die Passionsblume stand für Vertrauen, die Pfirsichblüte für Kapitulation, das Immergrün für frühe Freundschaft, die rosa Nelke für Frauenliebe. Mit Phlox wurde um die Hand angehalten, mit Primeln zeigte man stille Liebe und Traurigkeit, mit Rosenknospen wurde die Liebe angenommen, die Gartenwicke übermittelte zarte Freuden, die Tulpe nicht erhörte Liebe, das Veilchen Treue ...

Heute gelten die Amerikaner als die eifrigsten Verfechter dieser symbolischen Blumensprache, obwohl sie sich meistens des Aberglaubens nicht bewußt sind, der den Blumen, die sie schenken, anhaftet.

9

Pflanzenmagie und Hexenküche

Der Mensch entdeckte früh, daß gewisse Pflanzen tödlich sind, Schlaf oder Halluzinationen hervorrufen, abführen oder sein Verhalten in irgendeiner anderen Weise verändern können. Selbstverständlich dachte er, die Pflanzen hätten übernatürliche Kräfte. In der wissenden Hand einer Hexe oder eines Zauberers konnten Pflanzen segensreich oder böse wirken, und so begannen viele Menschen zu glauben, daß gewisse Pflanzen dem Teufel und seinen Schülern gehörten.

Während duftende Pflanzen himmlischen Wesen geopfert wurden, meinte man, daß solche, die nicht oder schlecht rochen, Gewächse des Teufels wären. Als seine Lieblingspflanze betrachtete man die Tollkirsche, den tödlichen Nachtschatten, *Atropa belladonna,* eine der giftigsten europäischen Pflanzen. Er soll Tag und Nacht über sie gewacht haben! Nur in der Walpurgisnacht (30. April), dem wichtigsten Ereignis des Hexenjahres, konnte man ihn fortlocken, wenn man eine schwarze Henne ausließ – die Verlockung, sie zu jagen, war zu groß für ihn.

Das Habichtskraut, wie die Skabiose, nannte man „Teufelsbiß", weil seine Wurzel aussieht, als wäre sie abgebissen. Eine alte Sage berichtet: „Die Wurzel war einst länger, doch aus Bosheit biß sie der Teufel ab, denn er brauchte sie nicht zum Schwitzen – er, der immer gepeinigt ist und schwitzt, aus Angst vor dem Jüngsten Gericht." John Gerard (1545–1612), ein Botaniker der elisabethanischen Zeit, schreibt, der Teufel habe dem Habichtskraut die Wurzel aus Neid abgebissen, „... weil es so viele gute wirksame Kräfte enthält, und so heilsam und nützlich ist für den Menschen".

Klematis gilt als des Teufels Faden, das Leinkraut als sein Band, Nessel als seine Stopfnadel und Indigo als sein Farbstoff. Die Tritoma (ein Liliengewächs) mit ihren grellroten Blüten ist sein Feuerhaken, Gundermann und Hauswurz sein Kerzenhalter, und die Alraune ist seine Kerze. Der Blütenkolben des Bärlapps dient ihm als Tabaksdose, die Nessel als Schürze, die Winde als Strumpfband, und seine Schuhe putzt er mit Maulbeeren. Sein Sträußchen ist aus wildem Knoblauch *(assafoetida)*, der treffend „Teufelsdreck" oder „Teufelsbaum" genannt wird. In Foetida steckt das lateinische *foetet*, es stinkt, und Dorothy Jacobs schrieb darüber in ihrem Buch *A Witch's Guide to Gardening* „es stinkt zum Himmel (oder zur Hölle)". Die Räder am Wagen des Teufels sind eine Hahnenfußart, und die Heckenrose soll die Leiter gewesen sein, über die er aus der Hölle klettern wollte, als man ihn aus dem Himmel verbannt hatte. Als sie groß wurde wie ein Busch, drehte er ihre Dornen aus Bosheit nach unten.

Manche meinen, Bilsenkraut, andere wieder die Sternmiere sei des Teufels Auge – offensichtlich hat er nur eines. Oder ein Auge sei die Sternmiere und das andere Bilsenkraut. Die Hauswurz mußte für des Teufels Bart herhalten und der Wegerich für seinen Kopf. Sein Horn wird aus dem unglaublich übelriechenden Stinkhorn gebildet, seine Finger beziehungsweise Klauen aus *Lotus corniculatus* und *Ranunculus arvensia*. Die Wurzel des Frauenschuhs wird auch Teufelshand genannt. Die alles umschlingende Winde – jedem Gärtner eine Plage – bildet die Eingeweide des Satans. Die mächtigsten aller bösen Pflanzen der Sage, die Alraunwurzeln, sollen seine Hoden sein. Das Kerbelkraut gilt als des Teufels Grütze; der giftige weiße Saft der Wolfsmilch und die Sternmiere als sein Korn; die Früchte des tödlichen Nachtschattens sind die „Teufelsbeeren". Die Zaunrübe ist die „Teufelskirsche", und die Alraune wird manchmal auch „Teufelsfutter" genannt.

Eine enorme Anzahl der in der schwarzen Magie benützten Pflanzen glaubte man unter der Patronanz des Teufels. Die besten Zaubersprüche halfen einer Hexe nicht, wenn sie nicht einen eigenen Zaubergarten unterhielt und eine schaurige Ernte einbrachte an Pflanzen, die Beelzebub teuer waren. Die Nachtschattengewächse waren ein Muß für eine ordentliche Hexe, und die Tollkirsche fehlte daher praktisch nie vor ihrer unheimlichen Behausung. Ein Trank daraus konnte Menschen verrückt machen, oft tötete er. Sie gebrauchte die Tollkirsche zum Wahrsagen und Geisterbeschwören und zur Erzeugung der Salbe, mit der sie sich und ihren Besenstiel bestrich, auf dem sie flog. Der Nachtschatten (wahrscheinlich Tollkirsche) war eine der Pflanzen, von deren Züchtung Gerard stark abriet: „Wenn ihr meinen Rat folget, habet mit diesem nichts zu schaffen und bannet ihn aus euren Gärten und den Gebrauch davon auch, da er so wütend ist und tödlich; denn er bringt jenen, die davon essen, einen Schlaf wie im Tode, und viele sind dabei gestorben."

Die Hexe also zog ihre Kleider aus und rieb sich den ganzen Körper ein mit der widerlich riechenden Salbe, die außer Tollkirschenextrakt auch das gekochte Fett und Mark eines ungetauften Säuglings, meistens Eisenhut, Pappelblätter, Schierling und Wasserschierling, Kalmus, Fünffingerkraut, Blut von Fledermäusen, Petersilie, Ruß und Stechapfel enthielt. Schriftsteller des 16. und 17. Jahrhunderts, wie Reginald Scot in *Discoveries of Witchcraft* (1584) und Francis Bacon in *Sylva Sylvarum* (1608) meinten, die Drogen in der widerlich riechenden Salbe gaben den Hexen das Gefühl, wirklich zu fliegen. Obwohl Hexen selten in Geständnissen aussagten, daß sie geflogen seien, kamen sie doch aus großen Entfernungen zusammen, um sich an ihrem Hexensabbat zu treffen, und es bleibt rätselhaft, wie sie das bewerkstelligten.

Die Circaea aus der Familie der Nachtkerzen, benannt nach Circe, der Urhexe, war in jeder Hexenküche zu finden. Dasselbe gilt für den bittersüßen Nachtschatten und das Schlangenkraut. Eines der wichtigsten Ingredienzien, aber keineswegs das am wenigsten schädliche, war das Bilsenkraut, als „stinkender Nachtschatten" bekannt. Wer es aß oder einen daraus gebrauten Trank nahm, verfiel vorübergehend in Irrsinn, Krämpfe oder Schlaf, je nach dem Wunsch der Hexe. Mit seinem Rauch beschwor man Geister. Die allerwichtigste unter den Zauberwurzeln und unentbehrlich in der Hexenküche aber war die Alraune. Als Zaubermittel erfüllte sie jeden Wunsch. Ordentlich zubereitet machte sie die Männer verrückt. Schon ihre Form verlieh ihr angeblich Macht, denn sie ähnelte einem Menschen. Oft wurde die Zaunrübe als zauberkräftige Alraune ausgegeben und war daher sehr gesucht. Die Hexe benutzte sowohl Wurzel als auch Beeren – sie sind gleich giftig.

Unter diesem grausigen Grünzeug durften auch Raute und Eisenkraut nicht fehlen – die populärsten Giftpflanzen. Eisenkraut war als Zauberpflanze bekannt, auch als Taubengras, weil die Tauben es fressen. Gerard berichtet, „.. der Teufel hatte diese geheime und göttliche Medizin verraten."

Wenn die Hexe ihre Pflanzen nicht selbst zog, stahl sie sie – ja manchmal war das Stehlen sogar ein wichtiger Teil des Rituals, ohne den sich der gewünschte Erfolg nicht einstellte. Immer gestohlen wurde Raute, nach Culpeper „.. eine prächtige Pflanze Merkurs, wohl wert, daß man sie mehr schätzte" und ein starke Halluzinationen hervorrufendes Betäubungsmittel.

Der Fingerhut (Digitalis) war die Lieblingsblume der Hexe. Im englischen Sprachraum nannte man ihn gern „Hexenglocken", weil die Hexe die Blüten oft an den Fingern trug. Wenn sie den Fingerhut mit der linken Hand an der Nordseite einer Hecke gepflückt hatte (und natürlich waren die meisten Weißdornhecken, und damit Hexeneigentum), konnte sie ihn als hochwirksames Vorbeugemittel verwenden. Er diente auch als starkes Abführmittel.

Die Hexen wurden wegen Krankheiten ebenso oft aufgesucht wie wegen Anliegen auf dem Gebiet der Zauberei. Als harmloses Schlafmittel für Säuglinge verabreichte sie Dille, aber mit der gleichen Dille vollführte sie die bösesten Zauber. Die Mistel wurde allgemein gegen Alpträume verwendet, und sicherlich hatte die Hexe genügend Flohkraut im Hause – für Abtreibungen.

Weitere Lieblingspflanzen der europäischen Hexen waren der Lolch und die Samen der Kornrade, denn sie erfreuten, hieß es, den Teufel. Lolch konnte blind machen, und wenn er mit Korn gemischt wurde, einen Menschen betäuben. Weißdorn und Holunder waren als „Hexenstauden" bekannt. Nur ein Verrückter hätte sich in der Walpurgisnacht in die Nähe eines Weißdornbusches gewagt, denn höchstwahrscheinlich hatte sich die Hexe in einen solchen verzaubert.

Der Holunder gehörte ihr nicht nur, sondern sie wohnte gewöhnlich auch darin. Wer die Hexen fürchtete, hätte nie in der Nähe des Hauses Holunder gepflanzt oder wäre ihm gar mit der Hacke an den Stamm gerückt: Die Hexe hätte herunterlangen, den Frevler mit einem Zweig auf den Kopf schlagen oder ihm den Hakkenstiel in den Leib rennen können.

Holunder wurde für zahllose Zaubereien benutzt, weil er äußerst giftig war. Hexen verwendeten die Beeren des Zwergholunders, um bei Kindern das Wachstum hintanzuhalten. Auch die Früchte der Eibe zählten zu ihren Lieblingsmitteln. Die Nieswurz wurde bei vielen Beschwörungen benutzt.

Eine Liste aller Pflanzen, die in der Hexerei angewendet wurden, wäre wahrscheinlich so lange wie ein ausgewachsener Holunderbaum hoch ist. Es wuchs kaum etwas, das die Hexe nicht für ihre Zwecke zu verwenden wußte.

Aus tödlich giftigen Kräutern wie Tollkirsche, Schierling, Bilsenkraut, Natterzunge und Mondraute bereitete sie Zauber- und Liebestränke. Die Mondraute hatte die Hexe immer bei der Hand, denn diese hatte die Kraft, den Pferden die Hufeisen abzuschlagen – falls sie gerade dazu aufgelegt war, ihren Nachbarn zu ärgern; in England wurde die Mondraute deshalb auch „unshoe-the-horse" (etwa: „Hufeisenschreck") genannt. Endivie und Baldrian wurden in erster Linie als Liebestrank benutzt. Flachssamen ergaben je nach Mondphase einen Liebestrank oder tödliches Gift. Mit Eisenhut aus der Familie der Hahnenfußgewächse, einer ebenfalls sehr giftigen Pflanze, benebelte die Hexe flink die Sinne ihres Opfers derart, daß es meinte, es fliege durch die Lüfte. Andere Liebesmittel waren Schafgarbe, Klee, Granatapfel und Gurke.

Mit der Zeit lernten die Opfer der Hexe, all diese Pflanzen gegen ihre ursprüngliche Eignerin einzusetzen. Es gab zahllose Rituale, um das Haus von den Nachkommen Circes zu befreien. An einem Donnerstag um Mitternacht sammelten die Leute ganze Buschen Schierling, Wolfsmilch, Rosmarin, Wacholder, Raute und Schlehe und legten sie in eine dunkle Ecke des Hauses bis zum Vorabend des ersten Mai, ihres Frühlingsfestes. Dann wurde diese Sammlung von Hexenkräutern von Männern, die in der Kirche die Absolution empfangen hatten, im Hause verbrannt. Man glaubte, die Hexen würden vor dem Rauch flüchten. Es gab solche Räucherungen im Laufe des Jahres, die wichtigste aber war am 30. April, zur Walpurgisnacht.

Wer vierblättrigen Klee trug, konnte Hexen sehen, und Knoblauch konnte ihren bösen Blick bannen. Sollte eine behexte Person befreit werden, nahm man dazu ein paar Lieblingskräuter der Hexe – Eisenkraut, Immergrün, Salbei, Baldrian, Eschenlaub, Basilikum (das Zeichen des Teufels) und Minze. Rosmarin war unschätzbar als Waffe gegen schwarze Magie. Weitere Pflanzen, mit denen man böse Zauber bekämpfen konnte, waren Raute, vierblättrige Einbeere, Dill, Gundermann, Wacholder, Misteln, Schwarzdorn, Zyklame und Mondraute (die zu all ihren oben erwähnten Eigenschaften dazu auch imstande gewesen sein soll, Schlösser zu öffnen).

Im Englischen kann man aus den Buchstaben des Wortes „evil" (das Böse) „live" (leben) machen, und aus Eva (gleichbedeutend mit Sünde) wird Ave, wenn man das Wort umdreht. So ging es auch mit dem Tricksack unserer Hexe: stülpte man ihn um, konnten Pflanzen, die anderen Pflanzen schadeten, den Zauberfluch bannen. In Michael Draytons *Nimphidia* (1627) kommt ein solcher Hexenkessel vor:

Zuerst der Farnkrautsamen, macht
Unschädlich Mistelkerne,
Und wo auch Puck herum sich treibt,
wird schrecklich er geängstigt.

Nachtschatten streut, der bös ihm will,
Dazu noch Eisenkraut und Dill,
Die Hexen ihren Willen rauben,
Um rechten Schaden ihm zu fügen.

Von Rauten, die bei Eiben wuchsen,
Macht sie dann Saft und träufelt ihn
Mit Tropfen neu vom Tau der Mitternacht,
Vom Mondenlicht geläutert.

Es gab noch viele andere Pflanzen, denen man wunderbare Eigenschaften zuschrieb. Von der Wurzel der Angelika nahm man an, daß sie den stärksten Schutz bot; daher auch ihr Name („Engelwurz"), dessen Nennung allein den Hexen widerlich war. Der zweitmächtigste Schutz, dem wahrscheinlich nur Angelika den Rang ablief, wurde der Eberesche zugeschrieben. Schon ein kleines Zweiglein davon, glaubte man, könnte den stärksten Zauber lösen. Das Zehrkraut, fast immer auch im Hexengebräu, war so wirksam, daß schon eine einzige Pflanze im Garten eines guten Nachbarn das eigene Haus schützen konnte. Weitere starke Bannkräuter waren Beifuß, Wollkraut, Mondraute, Geißblatt, Löwenmaul und Stechpalme.

Befestigte man Johanniskraut – das Unkraut, das kein Bauer ausrotten kann – über der Eingangstüre, vermochte keine Hexe das Haus zu betreten. Ein bekannter Spruch lautete: „Kleeblatt, Eisenkraut, Johanniskraut und Dillen, nehmen der Hexe ihren Willen." Ferner schützten alle gelben Blumen und ihr Samen, denn sie hatten die Farbe der Sonne. Ebenso alle rote Beeren, wahrscheinlich, weil man sie mit dem Blut Christi in Zusammenhang brachte.

Wie steht es nun mit den sogenannten guten oder „weißen" Hexen, den „Florence Nightingales des finsteren Mittelalters", wie Louise Huebner – die den hübschen Titel „Official Witch of Los Angeles" (Offizielle Hexe von Los Angeles) führt – sie nennt. Die guten Hexen waren in das Wissen um Pflanzen ebenso eingeweiht wie ihre Widersacherinnen. Sie riefen Götter und himmlische Kräfte zu Hilfe, und wahrscheinlich war es ihr Wissen, das den verängstigten Dorfbewohnern aus dem Nebel von Schrecken und Entsetzen heraus half, den die Anhänger des Teufels heraufbeschworen hatten.

Hexen glaubten und glauben, daß Pflanzen übersinnliche Kräfte besitzen und das Schicksal beeinflussen können, wenn man sie als Zauber benutzt. In gewissen Wurzeln, Stengeln, Blättern, Blumen, Kräutern, Früchten, Samen, Zwiebeln und Rinden existiere eine Energie, meinen sie, die man „anzapfen, umwandeln, lenken und gebrauchen kann, um jede gegebene Situation, den Ausgang jeder Handlung und die Gefühle jedes Individuums zu beeinflussen".

Hier eine Liste von Mrs. Huebners Lieblingspflanzen, und was sie ihrer Meinung nach bedeuten:

Götterblume	tiefempfundene Liebe
roter Sauerklee	physische Harmonie
Lavendel	Treue
weiße Claytonie	Friede
Golddistel	feuriger Liebhaber
blaues Eisenkraut	Freiheit
Unschuldsblümchen	Reinheit
rote Melisse	Leidenschaft
grüne Wiesenraute	Freiheit
rote Rudbeckie	platonisches Verhältnis
weiße Camasse	Freude
Feuerlilie	sinnliches Verlangen

Gefährliche Kräuter und Blumen

Sie schützen, laut Mrs. Huebner, gegen Feinde, wenn man sie in einer kleinen Blumenkiste in der Südwest-Ecke des Hauses zieht.

Name	Lateinische Bezeichnung	im Volksmund	Verwendung
Steinesche	Fraxinus excelsior	Wunderbaum	harntreibend
Waldbingelkraut	Mercurialis perennis		Gift
Falsche Pimpernelle	Pimpinella magna	Pimpinella	harntreibend
Goldwurz	Coptis trifolia		stärkend (Vitalität)
Bilsenkraut	Hyoscyamus niger		Gift
Manaesche	Fraxinus ornus	Blumenesche	Abführmittel (mild)
Passionsblume	Passiflora Coerulea	Leidensblume	harntreibend
Pestwurz	Petasites officinalis		Gift
Fuchsschwanz	Amaranthus hypo-chondriacus		Mundspülung
Sarrazenia	Sarracenia purpurea		stärkend
Skammonium	Convolvulus scammonia	Purgierwurzel	harntreibend
Helmkraut	Scutellaria lateriflora		nervenstärkend
Osterluzei	Serpentaria aristolochia		Gift
Bedrachbaum	Melia azedarach	indischer Flieder	Gift
Gänsefuß	Chenopodium anthelminticum		Anti-Helmentico
Löwenmaul	Antirrhinum linaria	Froschmaul	harntreibend
Wermut	Artemisia absinthium	Absinth	Gift

Mrs. Huebner empfiehlt, die Pflanzen kurz vor Neumond zu pflücken, (beziehungsweise, wenn die Mondsichel kaum noch zu sehen ist), sie an einem kühlen, trockenen Platz zu trocknen, zu Pulver zu verreiben, in kleine Stoffsäckchen zu füllen und an einem Band um den Hals zu tragen.

Die grüne Welt unserer Mutter Natur war – und ist – also von Aberglauben völlig überwuchert. Auf der einen

Seite stehen die emsigen Verfechter des Hexenkessels, auf der anderen Seite die Gartenbaufachleute, Botaniker und Ärzte, die sich mühen, die alten Geschichten auszujäten und der Wahrheit ans Licht zu verhelfen.

Jahrhundertelang glaubte man, daß alles, was da wuchs, die Kraft hatte, Gutes oder Böses zu bewirken. Fast alle Frühlingsblumen, die hängende Blüten hatten, hielt man für Todesblumen. Die schöne wilde Karotte hat man mit lieblichen Namen bedacht, aber auch mit unheilkündenden. Im englischen Sprachraum hieß sie „Königin Anne's Spitzen", „Vogelnest", „Kuhpetersil", aber auch „Mutter's Tod", denn man glaubte, sie führe den Tod der Mutter herbei, wenn man sie ihr ins Haus brachte. Auch mit der Petersilie ist viel Aberglaube verknüpft. Ein englisches Sprichwort sagt: „Geschmorte Petersilie bringt den Mann in den Sattel und die Frau ins Grab." Weil sie eine sehr lange Keimzeit hat, sagte man ihr nach, sie ginge neunmal zum Teufel und wieder zurück, bevor sie sprieße. Man glaubte auch, ein Familienmitglied würde innerhalb eines Jahres sterben, wenn man Petersilie pflanzte.

Von der Bergamottenbirne und den Weißdornblüten meinte man, sie brächten Krankheit und Tod ins Haus. Das Ruprechtskraut wird in einigen Teilen Europas als „Tod komm rasch" bezeichnet. Wenn ein Kind Gamanderehrenpreis pflückte, so glaubte man, seine Mutter würde in Jahresfrist sterben. In Österreich heißt es, der Krokus sauge dem, der ihn pflücke, die Kraft aus. Und wenn Rhabarber Samen trage, so heißt es, stirbt ein Familienmitglied im selben Jahr. Wer Hülsenfrüchte ißt, kann angeblich mit den Toten sprechen.

Man glaubt auch, daß Pflanzen Gefühle sowie Sympathien und Antipathien hätten. Sie lieben die Gesellschaft gewisser Pflanzen und verkümmern, heißt es, wenn sie neben einem „Feind" wachsen. So vertragen sich Basilikum und Raute gar nicht, aber Raute und Feigenbaum gedeihen wunderbar nebeneinander.

In seiner großen enzyklopädischen Naturgeschichte schreibt Plinius: „Golddolde wächst mit Vorliebe neben Rosmarin, aber Radieschen sind mit Ysop verfeindet." Bohnenkraut und Zwiebeln gedeihen nebeneinander noch besser als einzeln, und Koriander, Dille, Malven und Kerbel „genießen die Gesellschaft, wenn man sie zusammen sät". Die Eberesche soll ein Feind des Wacholders sein, und pflanzt man sie zu beiden Seiten eines Baumes, zerreißt sie angeblich dessen Stamm. Hebt man Zweige von Eberesche und Wacholder im Haus auf, so werden sie es verbrennen. Süß duftende Blumen, neben Obstbäumen gepflanzt, sollten auch den Früchten Süße verleihen. Unangenehm riechende Bäume dagegen, wie die Esche, ließ man nie in der Nähe von Obstbäumen wachsen, damit sie nicht den Geschmack verdürben.

Pflanzen können, so meinte man, auch den Gesundheitszustand und Charakter des Menschen beeinflussen. In ihrem *Book of Herb Lore* (New York 1971) schreibt Lady Rosalind Northcote „... also macht der Besitz von Rapunzel ein Kind streitsüchtig", während das Essen von Immergrünblättern „Liebe auslöst zwischen Mann und Frau". Lorbeer „beflügle die Phantasie" und könne „echte Visionen erleichtern" sowie „zu poetischer Raserei inspirieren".

Wer sich der Meinung anschließt, daß Kräuter Macht über Geist und Moral des Menschen haben, neigt wohl auch dazu, ihre übernatürlichen Kräfte anzuerkennen. So heißt es zum Beispiel vom Basilikum, daß es, unter einen Topf gelegt, mit der Zeit Skorpione hervorbringe. In der westlichen Welt hat man Basilikum immer mit Haß in Verbindung gebracht. Die Leute schrien sogar Beschimpfungen, während sie seine Samen setzten, weil sie glaubten, die Pflanze würde sonst nicht wachsen. Bacon sagte, Basilikum verwandelte sich in Thymian, wenn es der Sonne ausgesetzt wird. Im Orient galt es als bedeutender Schutz gegen Hexerei.

Hier nun eine unvollständige – und vergnügliche – Aufstellung von allerlei Zauberein mit Pflanzen:

LIEBESZAUBER

Apfelschale (Wirf sie über die Schulter, und wenn sie auf den Boden fällt, formt sie den Anfangsbuchstaben des oder der Zukünftigen.)

Eschenblatt (Trag es, und du heiratest den ersten, den du triffst.)

Bambussprossen (Ausgezeichnetes Aphrodisiakum.)

Gänseblümchen (Jedes Blütenblatt einzeln abzupfen und dazu sagen: „Er[sie] liebt mich von Herzen, mit Schmerzen…" Sicher ist Ihnen der Spruch bekannt – er ist uralt.)

Grüne Erbsen (Wenn du beim Auslösen eine Schote mit neun Erbsen findest, leg sie auf den Rahmen der Küchentür. Die oder der erste, der eintritt, wird dein Schatz.)

Alraune (Trag sie am Körper oder in der Tasche.)

Myrthe (Wer sie trägt, wird nicht lange einsam sein.)

Perlpfötchen (Befeuchte deine Lippen mit dem Saft, um Männer anzuziehen. Bevor dich einer küßt, nimm ein Stück in den Mund, und er wird dir treu sein.)

Johanniskraut (Leg zwei zwischen die Balken unter deinem Dach. Wenn sie zusammenwachsen, wirst du bald verheiratet sein.)

Rüben (Wenn du einen Verehrer loswerden willst, stell ihm eine Schüssel Rüben hin, wenn er das nächste-mal kommt.)

Weidenzweig (Lauf dreimal um das Haus und sage dabei: „Wer immer mein Bräutigam sein wird, packe das Ende dieses Astes." Wenn du das drittemal um die Ecke kommst, wirst du den „Bräutigam" vor dir sehen, und er wird den Zweig fassen.)

ANDERE ZAUBERMITTEL

Träume und Visionen

Farnkraut (Leg den Wurzelstock unter dein Kissen, und du wirst träumen, wie du deine Probleme lösen kannst.)

Vierblättriger Klee oder Gänseblümchenwurzeln (Leg sie unter das Kissen, und du wirst von deinem Schatz träumen.)

Veilchenwurzeln und die Wurzeln der wilden Karotte (Man ißt Veilchenwurzeln vor dem Zubettgehen, um schön zu träumen, und legt dann die Karottenwurzeln unter das Kissen, damit die Träume in Erfüllung gehen.)

Kräuter, die vor Feinden oder Unheil schützen

Alle gelben Blumen (Sie sind Sonnensymbole.)

Angelika (Eine sehr mächtige Wurzel; hänge allen Familienmitgliedern eine um den Hals, als Schutz gegen Teufel und Dämonen.)

Jede Bohnenart (Wenn du eine Hexe siehst, nimm eine Bohne in den Mund und spucke sie dann vor ihr aus.)

Lorbeerbaum (Pflanze einen zum Schutz in der Nähe des Hauses.)

Zehrkraut (Schützt gegen alle bösen Leute, einschließlich den Teufel selbst.)

Birke (Einen Zweig am Körper oder in der Tasche tragen.)

Farnkraut (Wirkt als Bannfluch gegen Hexen, weil der Querschnitt der Wurzel den Buchstaben C zeigt, was, wie manche sagen, Christus bedeutet.)

Fingerkraut (Sehr wirksam gegen böse Geister.)

Zyklamen (Die getrocknete Knolle tragen.)

Dill (Nimmt Hexen ihren Willen!)

Holunderbaum (Wer darunter steht, kann erfahren, was die Hexen tun.)

Knoblauch (Schon der Geruch verjagt die Hexen. Man trägt ihn in einem Tuch um den Hals.)

Nelkenwurz (Wo diese Wurzel im Hause ist, kann der Teufel nichts tun, denn sie ist gesegnet vor allen Kräutern.)

Einbeere (Nur die schwarze Beere in der Mitte wirkt gegen das Böse.)

Stechpalme (Auf Englisch *holly*, während *holy* heilig heißt. Hexen verwechseln das und suchen das Weite.)

Wacholder (Mit dem Rauch glosender Wacholderzweige kann man Hexen ausräuchern.)

Eberesche (Leg ein Zweiglein an das Kopfende deines Bettes und trage eines in der Tasche.)

Pfingstrose (Pflück sie, wenn der Mond im Abnehmen ist, und häng sie deinen Kindern um den Hals, um sie vor Hexen und Kobolden zu bewahren.)

Raute (Stiehl sie aus einem fremden Garten und reibe damit die Fußböden in Haus oder Wohnung. Alle Hexen räumen sofort das Feld! Näh dir auch die Blätter in ein Säckchen und trage sie nahe am Herzen.)

Johanniskraut (Wenn du winzige Löcher in den Blättern siehst, wirf sie sofort weg, denn das hat der Teufel mit seiner Nadel gemacht.)

Löwenmaulsamen (Wer sie um den Hals trägt, ist vor bösem Zauber gefeit.)

Dreiblättriges Kleeblatt (Hexen werden machtlos.)

Schafgarbe (Wenn sie auch dem Satan gehört, schützt sie doch vor seiner bösen Gewalt.)

Glück- und unglückbringende Kräuter

Lorbeerblatt (Laß eines vierundzwanzig Stunden im Mund, um Unglück abzuwenden.)

Schwarzdorn (Bringt Unglück ins Haus.)

Korn (Heb eine gebrannte schwarze Ähre im Hause auf. Wudu-Anhänger schwören darauf.)

Vierblättriger Klee (Bringt Glück, wie jeder weiß.)

Weißdorn (Bringt Unglück ins Haus.)

Roßkastanie (Trag eine in der Tasche.)

Alraunenwurzel (Als Talisman gibt es nichts Besseres.)

Senfsamen (Vor und hinter dem Haus, bei den Eingängen anpflanzen.)

Pfingstrosenwurzel (Trag eine um den Hals oder in der Tasche, aber grab die Wurzel ja nicht aus, wenn ein Specht in der Nähe ist, denn sie ist ihm heilig. Wenn er dich dabei erwischt, hackt er dir die Augen aus!)

Pflanzen, die auf Reisen schützen

Beifuß (Schützt Reisende vor Erschöpfung, Sonnenstich, wilden Tieren und dem bösen Blick.)

Rispenfarn (Dieses Farnkraut ist ein ganz besonders wirksamer magischer Schutzschild auf Reisen.)

Pflanzen, die unsichtbar machen

Amarant (Trag ihn um den Hals.)

Farnkrautsamen (In die Schuhe legen.)

Misteln (Um den Hals tragen.)

Eisenhutsamen (Man schlägt sie in eine Eidechsenhaut ein und trägt sie bei sich. Je nach Wunsch wird man unsichtbar.)

10

Pflanzen und ihre Planeten

Medizin und Astrologie waren immer schon eng miteinander verknüpft. Tatsächlich gehörte Astrologie jahrhundertelang zur Ausbildung eines Arztes. Wenn er seine Befähigung als Astrologe nicht nachweisen konnte, durfte er nicht als Arzt praktizieren. Berühmte Ärzte und Philosophen wie Hippokrates, Plinius, Dioskorides, Galen und Paracelsus waren alle auch bedeutende Astrologen. Hippokrates (460–370 v. Chr.), der Vater der Medizin, sagte: „Ein Arzt ohne Kenntnis der Astrologie hat kein Recht, sich Arzt zu nennen." Die Ärzte schwören heute noch den hippokratischen Eid, die Astrologie jedoch ignorieren die meisten. Alle Heilmittel. die in der *Materia Medica* (Arzneimittellehre des Hippokrates) angeführt wurden – die für den internen und die 400 für den äußerlichen Gebrauch – waren pflanzlicher Herkunft. Hippokrates führte Kräuter an, die damals allgemein in Verwendung waren.

Hippokrates wies auf astronomische Zusammenhänge bei jedem bekannten Rhythmus oder Zyklus der Erde und des Lebens hin. Seine Krankengeschichten waren so genau, daß man sich noch heute, nach 2000 Jahren, daran halten kann, um eine richtige Diagnose zu stellen, aber ihr „himmlischer Ursprung" scheint vergessen.

Das der Astrologie zugrunde liegende Konzept besagt, daß das Universum der Makrokosmos und der Mensch der Mikrokosmos sei. Philo von Alexandrien bezeichnete den Menschen als eine „kleine Welt", im Glauben, daß alles am Menschen— das Physische, Intellektuelle, Geistige oder Gefühlsmäßige – sein Gegenstück im Universum hat. Um dieses Prinzip anwenden zu können, wurden die Gesetze von Sympathie und Antipathie aufgestellt.

Dementsprechend wurden pflanzliche Heilmittel aufgrund von Sympathie oder Antipathie der Pflanzen im Verhältnis zu den verschiedenen Körperteilen angewendet. Gewisse Planeten sollten gewisse Körperteile beeinflussen; und wenn diese erkrankten, wurden Pflanzen verordnet, die von denselben Planeten regiert wurden, oder solche, die von einem Planeten regiert wurden, der dem erkrankten Körperteil antipathisch war.

Die frühesten Aufzeichnungen über astrologische Medizin stammen angeblich von Hermes Trismegistos, wie die Griechen den ägyptischen Gott Thoth nannten. Die Hermes-Thoth-Texte gehören zwei Kategorien an: der Astrologie und der okkulten Wissenschaften, sowie der Theologie und der Philosophie. Die Araber, die die Hermetische Medizin in umfassender Weise entwickelten, waren die ersten, die die Heilkraft der Pflanzen gewissen Planeten zuschrieben.

Die Kräutermedizin wurde in England von Nicholas Culpeper (1616–1645), Autor des *English Physitian and Complete Herball* eingeführt. Obwohl man sie fast 250 Jahre praktizierte, wurde Culpeper zeit seines kurzen Lebens von den Ärzten verspottet, die erst später den Wert seiner Arbeit begriffen. Er bezog sein Wissen aus mehreren Quellen: Seit seinem zehnten Lebensjahr interessierte er sich für Astrologie und war in Griechisch und Latein beschlagen. Mit dreiundzwanzig wurde er Lehrling bei einem Apotheker in St. Helens Bishopgate, England, angestellt, wo er sich große Kenntnisse über Arzneimittel und Heilkräuter erwarb. Im Jahre 1649 übersetzte und veröffentlichte er die Pharmacopoeia in Englisch, wofür er von dem damaligen Ärztekollegium auf das schwerste angegriffen wurde, da dieses Wissen bis dahin ausschließlich Medizinern zugänglich gewesen war. Culpeper wollte jedoch den Armen helfen, die sich einen Arzt nicht leisten konnten.

Sein *Complete Herball* entstand zweifellos als Ergebnis seines Studiums der alten Mediziner-Astrologen, der griechischen Ärzte wie Dioskorides, dessen *De Materia Medica* aus dem Jahr 78 n. Chr. eine Beschreibung einiger tausend Pflanzen und ihrer medizinischen Eigenschaften enthielt. Sicherlich las Culpeper auch die Werke des Paracelsus, des deutschen Arztes, Philosophen, Alchemisten und medizinischen Astrologen, der die Lehre von den Signaturen popularisierte. Sie basierte auf der Theorie, daß die Heilkraft von Pflanzen durch ihr Äußeres bestimmt werden könne. Augentrost *(Euphrasia officinalis)* sieht wie ein Auge aus, daher muß es gut sein gegen Krankheiten und Reizungen des Auges. Aber viele dieser Signaturen stellten sich nicht nur als falsch heraus, sondern waren manchmal sogar lebensgefährlich.

Culpepers enormes Wissen um Pflanzen und Kräuter ermöglichte es ihm, viele falsche, von der Medizin seiner Zeit anerkannte Ansichten auszumerzen. Er starb mit nur neununddreißig Jahren an Tuberkulose. Sein früher Tod war zweifellos auch von der zermürbenden Arbeit in seiner Praxis beschleunigt worden, und von seiner schriftstellerischen Tätigkeit in zahllosen Nächten, in denen er seine Bücher zur Bildung der Unterprivilegierten schrieb, damit sie lernen konnten, sich selbst zu behandeln; auch die ständigen Drohungen und der Druck von seiten der medizinischen Körperschaften werden wohl dazu beigetragen haben. Eine komplette Ausgabe seines Kräuterbuchs erschien im Jahr 1802; es wird seither als Standardwerk angesehen. Die Nachfrage nach dem Buch ist heute genauso groß wie vor dreihundert Jahren. Viele Kräuterkenner verschreiben noch heute die gleichen Rezepte, die Culpeper empfahl. Im Anschluß folgt eine Liste der Zeichen und Planeten des Tierkreises und welche Körperteile sie beeinflussen. Der Tierkreis beginnt mit dem Widder (21. März bis 20. April), dem ersten der Sternbilder, deren Zeichen die Sonne im Lauf des Jahres durchwandert. Jede Körperzone, beginnend mit dem Kopf (Widder) und endend mit den Füßen (Fische), entspricht innerlich, äußerlich und in seiner Struktur den zwölf Sternzeichen. Jeder der zehn Planeten beherrscht also bestimmte Körperteile und wirkt auf sie ein, entsprechend dem Zeichen, in dem er steht.

Der Liste der Zeichen und Planeten folgt eine Aufstellung einiger Heilpflanzen mit den sie beherrschenden Planeten, sowie einige heute gebräuchliche Heilmittel. Da sich die Astrologen nicht einig sind, welche Pflanzen von welchen Planeten und Zeichen regiert werden, richtet sich die Einteilung nach Culpepers Bestimmungen;

seine Heilmittel scheinen nämlich mehr auf die jeweiligen Körperteile und die sie regierenden Planeten ausgerichtet zu sein.

DIE TIERKREISZEICHEN

Widder (21. März bis 20. April). Planet: Mars. Beeinflußte Körperteile: Kopf, Augen, Gesicht, Gehirn, Schädel und Gesichtsknochen.

Stier (21. April bis 21. Mai). Planet: *Venus.* Beeinflußte Körperteile: Nacken, Hals, Ohren, Gaumen, Mandeln Speiseröhre, Stimmbänder, Kehlkopf, Halswirbel.

Zwillinge (22. Mai bis 21. Juni). Planet: *Merkur.* Beeinflußte Körperteile: Schultern, Arme, Hände, obere Rippen, Lungen, Atmung, Blut, Schlüsselbein, Schulterblatt.

Krebs (22. Juni bis 23. Juli). Planet: *Mond.* Beeinflußte Körperteile: Brust, Brustkorb, Speiseröhre, Zwerchfell, Lunge, Magen und Verdauungsorgane, Brustbein, Rippen.

Löwe (24. Juli bis 23. August). Planet: *Sonne.* Beeinflußte Körperteile: Herz, Rücken, Wirbelsäule.

Jungfrau (24. August bis 23. September). Planet: *Merkur.* Beeinflußte Körperteile: Darm, Unterleib, Leber, Milz, Wirbelsäule.

Waage (24. September bis 23. Oktober). Planet: *Venus.* Beeinflußte Körperteile: Lendengegend, Nebennieren, Haut, Nieren, Geschlechtsorgane, Lenden, Knochen der Lendengegend, der Vermehrung dienende Säfte.

Skorpion (24. Oktober bis 22. November). Planet: *Pluto.* Beeinflußte Körperteile: Nase, Geschlechtsorgane, äußere Geschlechtsteile, After, Mastdarm, Harnleiter, Nierenbecken, Blase, Prostata, rote Blutkörperchen, Kreuzwirbel.

Schütze (23. November bis 21. Dezember). Planet: *Jupiter.* Beeinflußte Körperteile: Hüften, Schenkel, Arterien, Nerven, Oberschenkel und Kreuzbein, Steißbein.

Steinbock (22. Dezember bis 20. Januar). Planet: *Saturn.* Beeinflußte Körperteile: Knie, Haut, Knochen, Haar, Gelenke.

Wassermann (21. Januar bis 19. Februar). Planet: *Uranus. Beeinflußte Körperteile:* Schienbeine, Knöchel, Blut, Kreislauf.

Fische (20. Februar bis 20. März). Planet: *Neptun.* Beeinflußte Körperteile: Füße, Zehen, Lymphsystem.

PLANETEN

Sonne: beherrscht Löwe. Beeinflußt Vitalität, Gehirn, Blut, Milz, Herz, Wirbelsäule, rechtes Auge bei männlichen, linkes Auge bei weiblichen Wesen, vordere Hypophyse, Teil der Schilddrüse.

Mond: beherrscht Krebs. Einfluß auf Speiseröhre, Brust, Magen, Gebärmutter, Eierstöcke, Blutgefäße und Lymphsystem, Medulla oblongata und Stammhirn, hintere Hypophyse, Thymusdrüse, Hormone des Verdauungstrakts, Gedächtnis, linkes Auge bei männlichen, rechtes Auge bei weiblichen Wesen.

Merkur: beherrscht Zwillinge und Jungfrau. Beeinflußt Gehirn, Intellekt, geistige Wahrnehmung, Schilddrüse, Lungen, Mund, Zunge, Atmungssystem, Koordination des Nervensystems, Teile der vorderen Hypophyse, Gehörnerven, Sprache, Hände, Arme, Haar.

Venus: beherrscht Stier, Waage. Beeinflußt Emotionen, Hals, Kinn, Teint, Wangen, Haar, Lendenregion, Nieren, Venen, Geschlechtsorgane, Nebenschilddrüsen.

Mars: beherrscht Widder. Einfluß auf Muskeln und Urogenitalsystem, Nebennieren, rote Blutkörperchen, Nase, Stirn, Galle, Nieren, Schnitte, Verbrennungen.

Jupiter: beherrscht Schütze. Beeinflußt Ohren, Leber, Fett, Blut, Hypophyse, Arterien, Nebennieren, Anpassung.

Saturn: beherrscht Steinbock. Beeinflußt Knochen, Knie, Haut, Zähne, Gallenblase, Milz, das Innere Ohr, Vagus, manche Hormone der Hypophyse, Nebennieren.

Uranus: beherrscht Wassermann. Beeinflußt Gehirn, Pupillen, Wirbelsäule, Nervensystem und Blutkreislauf, Paralyse, Krämpfe.

Neptun: beherrscht Fische. Beeinflußt Thalamus, Teile der Schilddrüse, Wirbelsäulenkanal, Körpersäfte, geistige und nervliche Prozesse.

Pluto: beherrscht Skorpion. Beeinflußt Keimdrüsen, kreative und regenerative Körperkräfte.

Von der Sonne regierte Pflanzen

PESTWURZ *(Petasites vulgaris).* Culpeper hielt die Pestwurz für ein ausgezeichnetes herzstärkendes Mittel, das „die Vitalkräfte frei macht". Sie wurde gegen die Pest benutzt und zum Schwitzen bei Pestfieber. Ein Absud, mit Wein gemischt, half bei Kurzatmigkeit und war als harntreibendes Mittel sehr geschätzt.

Auch heute wird Pestwurz in diesem Zusammenhang verwendet. Man stellte fest, daß die Pflanze eher in Verbindung mit Alkohol wirksam wird als mit Wasser.

KAMILLE (*Anthemis nobilis*). Culpeper empfahl Kamillenabsud als schmerzstillendes Mittel. Mit Gundermann vermischt, pulverisiert und als Salbe auf dem ganzen Körper verteilt, lindert sie alle möglichen Beschwerden. Heute wird sie zur Magenstärkung benutzt, als Mittel gegen Hysterie und nervöse Frauenleiden. Zur Schmerzlinderung verwendet man sie als Badezusatz, für Umschläge, in Lotionen und als Tee. Sie regt den Appetit an, vertreibt Blähungen, ist ein gutes Brechmittel, ausgezeichnet gegen Nierensteine, Blasenleiden, Milzleiden, Gelbsucht und Wassersucht. Sie liefert auch ein hervorragendes Augenwasser.

AUGENTROST (*Euphrasia officinalis*). Von Culpeper als das spezifische Mittel für die meisten Augenkrankheiten erachtet. Man gebraucht ihn auch heute noch. Er soll die Sicht erhalten und intern genommen stärkt er die Augen und heilt auf Katarrh beruhende Augenentzündung und Bindehautkatarrh. Er hilft auch bei Husten, Heiserkeit, Ohrenschmerzen und Kopfschmerzen.

RINGELBLUME (*Calendula officinalis*). Culpeper empfahl sie als herzstärkendes Mittel, als Wurmmittel sowie gegen Pocken und Masern. Mit Essig vermischt wirke der Saft gegen Schwellungen.

Heute gebraucht man die Ringelblume zur Behandlung frischer oder schlecht verheilter Schnitte oder Wunden. Eingenommen hilft sie gegn Geschwüre; äußerlich gegen Krampfadern; als Absud schafft sie große Erleichterung bei wunden Füßen, Verstauchungen,

Blutergüssen und Entzündungen. Gemischt mit Hamamelis liefert sie eine gute Lotion. Auch Skrofulose, leichtes Fieber und Gelbsucht kann man gut damit behandeln.

Mistel (*Viscum album*). Laut Culpeper wurde sie im Altertum gegen „die Fallsucht", Epilepsie, verwendet.

Auch heute wird sie angewandt bei Epilepsie, Veitstanz und anderen Nervenerkrankungen. Allgemein wird sie jedoch zur Nervenstärkung verschrieben und gegen oder zur Verhütung von Krämpfen. Man gibt Misteln auch als mildes herzstärkendes Mittel, zur Stärkung des Solarplexus und bei hohem Blutdruck.

Raute (*Ruta graveolens*). Culpeper empfiehlt sie als Gegenmittel gegen „gefährliche Medizin oder tödliche Gifte". Einen Absud davon mit getrockneten Dillblättern nahm man gegen Schmerzen im Brustkorb, bei Husten und Lungenentzündung. Sie linderte Gicht, Schmerzen in den Gelenken, Händen, Füßen und Knien. Raute, in Wein und Honig gekocht, verschrieb Culpeper gegen Würmer.

Heute noch verwendet man sie bei Schmerzen, Krämpfen, Sehnenzerrungen, Verstauchungen und Schmerzen in Füßen und Knöcheln. Sie wirkt auf Knochenhaut und Knorpel und entfernt altersbedingte Ablagerungen in Sehnen und Gelenken. Bekannt ist ihre Wirksamkeit gegen starke Blähungen, Hysterie und Schwindelgefühl; als ausgezeichnetes Stimulans wirkt sie anregend, krampflösend und lindert nervösen Kopfschmerz. Als Lotion nimmt man Raute bei Überanstrengung der Augen; manchmal wird sie auch gegen Bronchitis verschrieben.

HÜHNERBISS *(Stellaria Media)*. Culpeper fand ihn wirksam bei Leberleiden, Röte im Gesicht, Pickeln, Ohrenschmerzen, entzündeten Augen, Hautgeschwüren und -rissen.

Heute gebraucht man ihn zusammen mit Rosenblättern als Augenwasser, bei der Behandlung von Furunkeln, Schwellungen, Hautgeschwüren und Leberschwellungen und Rheumatismus. Auch als schleimlösendes Mittel und als Demulcens zum Schutz der Schleimhaut.

KLEBKRAUT *(Galium aparine)*. Culpeper benutzte es oft als Mittel zum Abnehmen. Der Absud half bei Gelbsucht. Der Saft der Blätter ist blutstillend. In den Frühlingsmonaten genossen, wirkt er blutreinigend und stärkend.

Heute steht die Pflanze auf der Liste der in den Vereinigten Staaten zugelassenen Mittel gegen Skorbut. Klebkraut ist harntreibend, stärkend, adstringierend, krampflösend und hilft bei Blasen- und Nierenentzündungen, heilt wunde Stellen und Geschwüre. Aus frischen Blättern bereiteter Tee wird zur Blutreinigung verwendet sowie zum Auflösen von Blasensteinen und zur Behandlung von Hautaffektionen, die von der Niere herrühren.

WEIDERICH oder PFENNIGKRAUT *(Lythrum salicaria)*. Culpeper verschrieb seine Einnahme zur Stärkung der Sehkraft; es eignete sich aber auch zum äußerlichen Gebrauch. Es half bei Augenschmerzen und manchmal gegen Blindheit. Heute wird es zur Senkung des Fiebers gebraucht. Es ist adstringierend, alterierend und wird noch immer als ein gutes Mittel für die Augen betrachtet. In der Schweiz schätzt man es gegen Durchfall.

HABICHTSKRAUT *(Hieracium pilosella)*. Culpeper verwendete es bei Gelbsucht (als Tee oder Saft, der in Wein gegossen wurde). Heute benutzt man es als adstringierendes und schleimlösendes Mittel. Vor allem aber wird es als Aufguß bei Keuchhusten verwendet. Manche Kräuterspezialisten verordnen den Absud bei Brüchen.

Von Merkur regierte Pflanzen

ECHTER ALANT *(Inula helenium)*. Der echte Alant war lange vor Culpeper vielfach in Gebrauch. Gerard berichtet, daß die Wurzel von Nutzen ist bei Kurzatmigkeit, Atmungsschwierigkeiten und chronischem Husten. Es ist auch „von großem Wert sowohl in einem ‚Schlecker‘, einer Medizin, an der man leckt, wie auch anderseits zum Lösen und Auswerfen von dicken, zähen und klebrigen Säften, die in der Lunge und Brust kleben".

Noch heute wird er bei Lungenerkrankungen und als Hustensirup verwendet sowie als schweißtreibendes, schleimlösendes und harntreibendes, schmerzstillendes, stärkendes und als Anregungsmittel. Es wird auch angewandt, um Regelblutungen anzuregen und zu fördern, bei Verdauungsstörungen und Leberträgheit und in der Kosmetik zur Hautreinigung.

HASELNUSS *(Corylus avelana)*. Es gibt kein besseres lungenstärkendes Mittel als diese Nuß, sagt Culpeper. Mit ein wenig Pfeffer getrocknet und getrunken, reinigt es die Schleimhaut von Auswurf. Eine Paste aus den Kernen oder die Milch der Kerne, mit Honig oder Met vermischt, nahm man gegen Husten. Schale und Häutchen in Rotwein zerrieben, als Mittel gegen Durchfall.

Heute wird die Haselnuß verschrieben, um das Sklerosieren der Arterien zu verhindern und zur Stärkung der Lungen.

FRAUENHAAR *(Adiantum capillus veneris)*. Zu Culpepers Zeit wurde es gegen Husten, Kurzatmigkeit, Gelbsucht, Milzleiden, Glatzenbildung und zum Haaraufbau verschrieben. Auch glaubte man, daß es Nierensteine löst. Wurzel und Blätter werden heute zum Schleimlösen, als Stärkung und Adstringens benutzt. Mit dem Tee behandelt man Husten, Katarrh, Infektionen der Atmungsorgane und Menstruationsbeschwerden. Es findet sich in vielen Haarwuchsmitteln.

BALDRIAN *(Valeriana officinalis)*. Die Medizin gebrauchte die Wurzel dieser Pflanze lange vor dem 17. Jahrhundert. Ein Gebräu aus den getrockneten Wurzeln des Baldrians wurde zum Harntreiben verwendet. Gerard sagte, man habe sie auch als Gegengift und gegen die Pestilenz eingenommen.

Heute ist Baldrian vor allem als nervenstärkendes und krampflösendes Mittel in Verwendung. Als Kräuterbad hilft er bei nervösen Erschöpfungszuständen. Er wirkt schmerzlindernd und schlaffördernd.

Von der Venus regierte Pflanzen

KLETTE *(Arctium lappa)*. Culpeper berichtet, die leicht getrockneten Blätter wären gut gegen Geschwüre und zur Heilung wunder Stellen. Im Mittelalter benutzte man sie auch bei Nierenkrankheiten und Skorbut.

Heute wird die Klette allgemein als blutreinigendes Mittel verwendet. Kräuterspezialisten benutzen jeden

Teil der Pflanze. Sie bringt Erleichterung bei Ischias-, Blasen- und Nierenbeschwerden und bei fast jedem Hautausschlag. In den Appalachen wird Rheumatismus mit Tee aus den Wurzeln oder Samen behandelt, und man nimmt ihn zur Blutreinigung. Man verwendet die Klette auch zur Blutreinigung, bei Gicht, Katarrhen der Lunge und Ablagerungen im Harntrakt, und in Salbenform bei Verbrennungen, Wunden, Hämorrhoiden und Schwellungen.

HUFLATTICH *(Tussilago farfara)*. Culpeper behandelte die Lunge damit. Gerard stimmt völlig überein und empfiehlt ihn, wie seinerzeit Dioskorides, Galen und Plinius, auch als einen Tabak zur Linderung von Husten und Kurzatmigkeit.

Man gebraucht ihn noch heute als Hustenmedizin und „Rauch", ferner als erweichendes Mittel (Emollentium), als Demulcens (Einhüllmittel, Schleimhautschutz) und als leichtes Stärkungsmittel. Man schätzt Huflattich nach wie vor bei Erkältungen, Asthma und Lungenerkrankungen aller Art.

FEIGWURZ *(Scrophularia nodosa)*. Culpeper zufolge wirkt die Feigwurz auf den Hals. „Das Kraut gehört der Venus, und der Himmelsstier lehnt es nicht ab, daher kann es kein besseres Mittel geben gegen Skrofulose, denn der Mond, der diese Krankheit regiert, ist dort auf dem höchsten Stand." Äußerlich wurde Feigwurz gegen Blutgerinnsel verschrieben, die durch Wunden oder Unfall verursacht worden waren, sowie bei Schwellungen und Hämorrhoiden. Heute findet die Feigwurz ähnliche Verwendung. Mit dem Aufguß löst man Blutgerinnsel und behandelt Krampfadern und Hämorrhoiden.

Man hält sie für äußerst wirksam bei Nieren- und Leberleiden, vergrößerter Milz und gegen Gefäßverstopfung, vor allem im Lymphsystem. Eine Salbe aus den frischen Blättern der Feigwurz und Schmalz hilft bei Abszessen und Wunden, aber auch bei Blutergüssen, Entzündungen und Affektionen der Haut. Aus dem ganzen Kraut bereitet man Badeextrakte zur Behandlung von Geschwüren.

GEISSBLATT *(Spiraea ulmaria)*. Gerard liebte den Duft dieser Pflanze. Es mache „das Herz fröhlich ...“, schrieb er. Culpeper sagte das gleiche. In der Medizin wurde Geißblatt gegen Malaria angewendet und zum „Stillen von allen möglichen Blutungen, Ausflüssen und bei Erbrechen“.

Man verwendet das Geißblatt noch heute wegen seiner Aromastoffe. Euell Gibbons beschreibt sie in seinem Buch *Stalking in the Healthful Herbs* sehr treffend: „Eine Pflanze, Droge oder Medizin mit würzigem Duft und scharfem, aber angenehmem Geschmack. Solcher Wohlgeruch und Geschmack kann manchmal die Schwachen beleben und die Depressiven aufrichten und einen verzweifelten Patienten auf den Weg der Besserung bringen.“

Man verwendet Geißblatt bei verdorbenem Magen, Durchfall (vor allem bei Kleinkindern), als harntreibendes, stärkendes und adstringierendes Mittel. Es gilt als eines der besten Mittel gegen Magenübersäuerung, und es wird auch als herzstärkendes Mittel verwendet.

IMMERGRÜN (Vinca maior). Nach Culpeper ist diese Pflanze von der Venus beeinflußt, und da sie Liebe und Gemeinsamkeit symbolisiert, betrachtete er sie als Binde-

und Stopfmittel. Man kaut die Blätter des Immergrüns zum Stillen von Blutungen in Nase und Mund.

Heute behandelt man damit Diabetes, Hämorrhoiden, Geschwüre im Hals und Diphterie. In Salbenform findet es bei fast allen Hautkrankheiten und Reizungen der Kopfhaut Verwendung.

SCHAFGARBE *(Achillea millefolium)*. Culpeper berichtet, man verwende sie bei Schnitten, anderen Wunden und Krämpfen.

Heute gebraucht man Schafgarbe bei Blutungen, Harnfluß, Hämorrhoiden, Ruhr, Blähungen, zum Hervorrufen und Fördern der Regelblutung, und für Umschläge bei Wunden und Furunkeln. Sie gilt als leichtes fiebersenkendes Mittel. Vor allem aber wird die Schafgarbe bei Erkältungen genommen. Manche Kräuterspezialisten erzeugen daraus Haarwasser.

Vom Mars regierte Pflanzen

SAUERAMPFER *(Rumex alpinus)*. Culpeper verschrieb ein warmes Sauerampfergetränk, mit Ingwer versetzt, gegen die Cholera. Mit Sauerampfersamen behandelte man Durchfall, mit dem destillierten Saft heilte man Wunden und schorfige Stellen.

Heute verwendet man ihn als antiseptisches Mittel, bei Blähungen, als Verdauungshilfe und als blutreinigendes und mildes Abführmittel.

HOPFEN *(Humulus lupulus)*. Culpeper gebrauchte Hopfen bei Funktionsstörungen von Leber und Milz, zum Blutreinigen, um die Venen von Ablagerungen zu befreien, und als harntreibendes Mittel. Ein Absud aus

Blüte und Frucht galt als ein wunderbares Gegenmittel bei Vergiftungen. Die pulverisierten Samen töten Würmer ab. Aus dem Saft bereitete man einen Sirup, der bei Kopfschmerzen, Gelbsucht, Cholera und Blutungen Verwendung fand.

Heute wird Hopfen als Stärkungsmittel bei Schwäche und nervösen Verdauungsstörungen und in Form von Tee oder Tablette gegen Schlaflosigkeit verwendet. In ein Kissen eingenäht hilft Hopfen auch gegen Schlaflosigkeit. Der Saft oder ein Absud gilt als ein ausgezeichnetes blutreinigendes Mittel. Zusammen mit Kamillenblüten und als heißer Umschlag oder Breiumschlag aufgelegt, wirkt er schmerzlindernd. Hopfen verhindert Steinbildung im Harntrakt und senkt auch das Fieber.

BRENNESSEL *(Urtiva dioica)*. Culpeper schreibt, der Saft von Nesselblättern bringt, zwei bis drei Tage hindurch eingenommen, Blutungen im Mund zum Verschwinden. Ein Tee aus den Samen galt als Gegengift gegen viele giftige Kräuter, Insektenstiche und gegen den Biß eines tollwütigen Hundes. Zusammen mit Salz auf Stirn und Schläfen gerieben, beseitigte die Nessel lethargische Zustände. Eine Salbe aus den Wurzeln und Blättern oder dem mit Honig verkochten Saft reinigte die Lunge.

Heute verwendet man die Nessel bei Schwindsucht, Asthma, Gicht, Rheumatismus, Rückenschmerzen, Durchfall, Ruhr, Nierenkrankheiten und -steinen sowie bei skorbutartigen Erkrankungen. Man nimmt sie bei Nesselausschlag und auch als blutreinigendes und stärkendes Mittel.

Der Autor von *Back to Eden,* Jethro Kloss, betrachtet die Nessel als neue Wunderpflanze. Er empfiehlt sie zur

Heilung der oben erwähnten Erkrankung, aber auch gegen Neuralgie, Hämorrhoiden, Wassersucht und schwere Blutungen der Blase, der Lungen, des Darms, der Nase und des Magens. Als Tee verstärkt die Nessel die Regelblutung und ist gut gegen Fieber, Erkältungen und Grippe. Gekocht (wie Spinat) empfiehlt Kloss sie zur Blutreinigung.

WEGERICH *(Plantago maior)*. Laut Culpeper ordneten alle Astrologen-Ärzte diese Pflanze dem Mars zu, „... denn sie heilt die Krankheiten des Kopfes und der Blase und des Unterleibs, die den Häusern des Mars, des Widders und des Skorpions zugehören; genaugenommen untersteht der Wegerich der Venus und kuriert den Kopf durch seine Antipathie gegenüber Mars und die Unterleibsorgane durch Sympathie gegenüber Venus; auch gibt es kaum eine Krankheit des Mars, die er nicht heilt". Der Absud der Wurzeln und Samen wurde geschätzt bei Entzündungen des Darms, bei Katarrhen der Schleimhäute, Lungenschwindsucht und Husten.

Den Absud gebraucht man noch heute gegen Darmleiden. Man schätzt den Wegerich bei Lungenerkrankungen, als Linderungsmittel bei Verschleimung, Durchfall und Hämorrhoiden und wegen seiner guten blutbildenden Eigenschaften. Ein Brei aus den Blättern, auf Wunden aufgetragen, stillt Blutungen und hilft bei Verbrennungen, Erkältungen und Blutergüssen.

Von Jupiter regierte Pflanzen

QUECKE *(Triticum repens)*. Culpeper erwähnt sie als Medikament für die Blase. Man verwendete sie als beruhigendes Mittel bei Entzündung der Schleimhäute, als harntreibendes Mittel und für die Nieren; die zerquetschten Wurzeln wurden gekocht und morgens mit Weißwein eingenommen.

Heute wird die Quecke als harntreibendes, mildes Abführmittel und als Demulcens (Schleimhautschutz) verwendet sowie zur Heilung von Schnitten und Wunden. Sie wird auch als ausgezeichnetes Heilmittel bei Katarrhen aller Art, besonders Blasenkatarrh, geschätzt. Sie beruhigt die Harnwege und erleichtert jede Art von Flüssigkeitsstau in der Blase. Ferner wirkt sie lindernd bei Blasenentzündung, Nierenleiden, Gelbsucht, Bronchitis, Gicht, Hauterkrankungen und hilft bei der Rückbildung der vergrößerten Prostata.

LÖWENZAHN *(Taraxacum officinale)*. Die Pusteblume wird seit über tausend Jahren als Heilpflanze verwendet. Heute werden Blätter und Wurzeln als harntreibendes Mittel verabreicht. Die Wurzel verschreibt man als Anregungsmittel, zur Förderung der Leberfunktion, als Magenstärkung und mildes Abführmittel. Löwenzahn wird aber auch bei Rheumatismus und Hauterkrankungen angewendet.

LEBERBLÜMCHEN *(Marchantia polymorpha)*. Der Name dieser Pflanze verrät ihre Verwendung, obwohl sie laut Culpeper in dreihundert verschiedenen Arten vorkommt. Diese spezielle Leberblümchenart heilt besonders Erkrankungen und Entzündungen der Leber, einschließlich Gelbsucht, sowie vielerlei Hauterkrankungen und wunde Stellen.

ENGLISCHER KERBEL *(Myrrhis odorata)*. Culpeper behandelte Rippenfellentzündung und Nierensteine mit seinem Saft oder dem Destillat. Äußerlich wurde er bei Schwellungen und Blutergüssen angewendet.

Heute ist Kerbel als harntreibendes, magenstärkendes und mildes Abführmittel in Gebrauch sowie als Anregungsmittel für die Verdauung und bei Erschöpfungszuständen. Man verschreibt es auch oft bei Diabetes.

Von Saturn regierte Pflanzen

SCHWARZWURZ *(Symphytum officinale)*. Culpeper schätzte sie als ausgezeichnetes Wundheilmittel. Heute zieht man sie zu ähnlichen Zwecken heran. Die Schwarzwurz heilt Geschwüre, fördert die Vernarbung und die Heilung bei Knochenbrüchen, Sehnen- und Augenverletzungen. Die Wurzel und in gewissem Ausmaß die Blätter werden als adstringierendes und die Schleimhäute beruhigendes Mittel verwendet. Die Schwarzwurz liefert gute Hustenmedizin und wird auch bei Überanstrengung und Muskelentzündungen verschrieben. Sie beschleunigt die Eiterbildung in Furunkeln. Ferner findet sie Verwendung bei Schmerzen im Mund- und Rachenraum, bei Magenschmerzen, Katarrhen, Erkrankungen der Atmungsorgane, bei Durchfall und Ruhr.

SCHACHTELHALM *(Equisetum arvense, Equisetum hyemale, Equisetum maximum, Equisetum sylvaticum)*. Laut Culpeper ist der Schachtelhalm bei Durchfall, inneren und äußeren Geschwüren und zur Blutstillung zu empfehlen. Er verschrieb einen Absud aus Wein und Schachtelhalm gegen Krämpfe des Harnleiters und der Blase sowie bei Nierensteinen. Heute verwendet man diese Pflanze als harntreibendes Mittel, bei Nieren- und Blasenleiden, besonders bei Nierengrieß, sowie als Stärkung für Lunge, Herz und Nieren. Man reinigt damit eitrige Wunden und Geschwüre. Wegen ihres hohen Gehalts an Kieselsäure wird sie auch für die Augen verwendet.

WOLLKRAUT oder KÖNIGSKERZE *(Verbascum Thapsus)*. Gerard berichtet, daß Wollkraut vor allem als Hustenmittel für Kinder verwendet wurde. Heute setzt man es als schleimlösendes, die Schleimhäute beruhigendes Mittel ein und zur Behandlung von Asthma und Lungenblutungen. Es wirkt harntreibend und wird bei Nierenbeschwerden, Grieß, Rückenschmerzen und Rheumatismus angewendet. Seit dreihundert Jahren kuriert man mit Wollkraut Hämorrhoiden.

PAPPEL *(Populus alba, Populus tremuloides, Populus nigra)*. Culpeper rät, bei Ohrenschmerzen den Saft aus den Blättern zu pressen, zu erhitzen und ins Ohr zu träufeln. Die Blätter der noch geschlossenen Knospe wurden zerquetscht und mit Honig vermischt zur Stärkung des Sehvermögens verwendet. Die *Populus alba* wird heute als Stärkungsmittel gebraucht sowie bei Nachtschweiß, Fieber, Verdauungsstörungen und Übersäuerung des Magens. Die *Populus tremuloides* hilft bei Fieber, Schmerzen, Heuschnupfen, Grippe, Rheumatismus und Schwellungen der Arterien. Äußerlich angewandt hilft sie bei Fieber, Ekzemen, Verbrennungen und brandigen Wunden. Die *Populus nigra* hat fast die gleichen Eigenschaften. Die Rinde hilft bei Ischias und der Saft der Blätter bei Ohrenschmerzen und Geschwüren.

Die heilkräftigen Eigenschaften dieser Pflanzen wurden hier angeführt, um die wunderbaren Anwendungsmöglichkeiten der vielgeschmähten, wild wachsenden Heilkräuter vor Augen zu führen und auf die Möglichkeit hinzuweisen, daß Pflanzen vom Kosmos ebenso beeinflußt sein können wie wir selbst.

Der Glaube mancher Bauern, daß die Ernteerträge üppiger ausfallen, wenn die Pflanzen den Tierkreiszeichen entsprechend und in einer günstigen Mondphase gesetzt werden, ist uralt. Man säte, pflanzte, veredelte und erntete die heiligen Pflanzen der Götter nur in Übereinstimmung mit der Stellung der Planeten, die sie regierten. Manche Bauernkalender (wie etwa der Kalender der Francis and Lusky Company, Nashville, Tennessee) führen das Zeichen an, das jeden Tag des Monats regiert, den Körperteil, das es beeinflußt, den Planeten, der das Zeichen beherrscht und das zugehörige Element. Die vier Elemente sind: Feuer, Erde, Luft und Wasser. Die Feuerzeichen sind: Widder, Löwe, Schütze; Erdzeichen sind Stier, Jungfrau und Steinbock; die Luftzeichen sind: Zwilling, Waage, Wassermann; die Wasserzeichen: Krebs, Skorpion und Fisch. Der Kalender der Francis and Lusky Company enthält auch eine Tabelle des Sonnen- und Mondstands. Wirklich ausgezeichnete Bauernkalender wie der „Old Farmer's Almanac" von Grier geben einen jährlichen Überblick über die besten Termine zur Anpflanzung von unter der Erde beziehungsweise über der Erde wachsenden Pflanzen. Laut „Old Farmer's Almanac" werden Blumen und Gemüse, deren Frucht über der Erde reift, am besten zwischen Neumond und Vollmond gesetzt. Solche, deren Frucht unter der Erde wächst, sollten einen Tag nach Vollmond bis einen Tag vor Neumond gesetzt werden.

Ein englischer Bauer des 16. Jahrhunderts, Thomas Tusser, dessen Buch *Five Hundred Points of Husbandry* (Fünfhundert Fragen der Landwirtschaft, erschienen 1515), heute noch zitiert wird, schreibt:

> Sä' Erbsen und Bohnen, wenn der Mond abnimmt,
> der sie früher sät, der sät sie zu früh,
> daß sie mit dem Planeten ruhen und aufgeh'n,
> gedeihen und tragen in Fülle und Weisheit.

Wer sich nach den Sternen orientiert, schwört auf sie. Gewiß gibt es heute Landwirte, die ohne den Himmel zu beobachten reiche Ernten einbringen. Wissenschaftler, die sich mit Biomagnetismus, einem Teilgebiet der Biologie, beschäftigen, haben jedoch festgestellt, daß die diffusen elektromagnetischen Felder der Erde, die dem Einfluß der Sonne und des Mondes unterliegen, ihrerseits alles Leben beeinflussen. Es liegen eindrucksvolle Beweise vor, daß wir in irgendeiner Weise von den geomagnetischen Impulsen dirigiert werden, die ihrerseits von den Planeten beeinflußt werden, und daß Veränderungen im magnetischen Feld ihre Wirkung auf uns haben. So zeigen etwa ausführliche Statistiken, daß viele hervorragende Ärzte geboren wurden, wenn Mars oder Saturn am höchsten standen. Weitere Studien in dieser Richtung ergaben, daß ähnliches auch auf berühmte Persönlichkeiten anderer Berufe zutrifft. Prof. Frank A. Brown, Professor für Biologie an der Northwestern University, ein hochangesehener Forscher auf dem Gebiet des Biomagnetismus, zeigt in zahlreichen Publikationen auf überzeugende Weise, daß Pflanzen wie Tiere für Veränderungen in der magnetischen Atmosphäre der Erde, die von Sonne und Mond verursacht werden, empfänglich sind. Man wird dabei an die Worte des arabischen Astrologen Abraham Arenezia erinnert, der vor Jahrhunderten schrieb: „... der Mond ist dem Körper des Menschen angepaßt, er bringt die wirksame Kraft der anderen Planeten herunter zu den Lebewesen und Menschen auf Erden."

In jenen Tagen, als die Astrologie die Faustregel war, nach der gepflanzt und geerntet wurde, glaubten die Menschen, daß gewisse Pflanzen ihre Wirksamkeit einbüßten, wenn man sie nicht im rechten Augenblick erntete. Die moderne Wissenschaft hat jetzt entdeckt, daß das Gift mancher Pflanzen zu gewissen Nachtstunden wirksamer ist als zu anderen. Dr. Rudolf Steiner, Wissenschaftsphilosoph und Gründer der Anthroposophischen Gesellschaft (1913) trat für den astrologischen Anbau ein. Die biodynamische Methode in Landwirtschaft und Gartenbau ist eine der vielen modernen Errungenschaften, die seinem Werk zu verdanken sind.

Unsere heutigen Mediziner sind sich der Bedeutung des Aufdrucks „Rp" auf ihrem leeren Rezeptformular kaum bewußt. Jedesmal wenn sie ein Rezept ausstellen, beziehen sie sich damit eigentlich auf Jupiter, den „großen Wohltäter", dessen Zeichen es ursprünglich war, und das die antiken Ärzte als solches auf alle Rezepte schrieben. Es bedeutet: „Nehmet im Namen Jupiters."

11

Von der Legende zum Laboratorium

Die antike Kunst, mittels Pflanzen zu heilen, beruhte auf zwei wichtigen Konzepten: auf der Lehre von den Signaturen – dem Glauben an einen Zusammenhang zwischen Objekt und Aussehen sowie dem Glauben an Zauberkräfte und heilige Eigenschaften der Pflanzen.

Die Lehre von den Signaturen besagte, Ähnliches heile Ähnliches. Der Schlüssel zu dem Geheimnis einer Pflanze liege in ihrer Gestalt. Waren Farbe oder Form einer Pflanze einem menschlichen Körperteil ähnlich, so hatte sie demzufolge die Kraft, diesen Körperteil zu heilen. Die Behandlungsmethoden von Ärzten und Kräuterspezialisten waren von dieser Lehre stark beeinflußt. Obwohl die Signaturen wie erwähnt wohl öfter falsch als richtig interpretiert wurden, regten sie den rastlos strebenden Geist zu neuen Versuchen an, und so wurden in Pflanzen oft weitere heilkräftige Eigenschaften entdeckt, die den ursprünglich angenommenen gleichwertig oder vielfach überlegen waren.

In einem Buch aus dem Jahr 1656, *The Art of Simpling* von William Coles, finden wir: „... Hat auch Sünde und Satan die Menschheit in ein Meer von Gebrechen getaucht, so hat doch das Erbarmen Gottes, welches über all seinen Werken ist, Gräser wachsen lassen auf den Bergen und Kräuter, auf daß die Menschen sie gebrauchen. Und hat ihnen nicht nur den Stempel einer deutlichen Form aufgedrückt, sondern sie auch mit lesbaren Signaturen ausgestattet, durch die ein Mann ihre Verwendung lesen kann, als wären es Buchstaben."

Mindestens sechstausend Pflanzen standen dieser Lehre gemäß in Gebrauch. Einige ausgesuchte Beispiele sollen ihren wirksamen, manchmal aber auch falschen Einsatz illustrieren.

Heilmittel, die von offiziellen Gremien der USA in ihre Listen aufgenommen wurden, sind folgendermaßen gekennzeichnet: United States Pharmacopeia (USP), National Formulary (NF), United States Department of Agriculture (USDA). Im folgenden einige Pflanzen, die zur Behandlung der verschiedenen Körperteile herangezogen wurden und werden.

BLASE

BLASENFENCHEL. Die Wasserpflanze aus der Familie der *Utricularia,* deren Blätter der Blase ähneln, wurde bei Blasenleiden verwendet.

BLASENTANG. Die heute zur Produktion von Seetangasche dienende Pflanze wurde früher als umstimmendes und harntreibendes Mittel verwendet. Blasentang wird immer noch als Umstimmungsmittel, zur Stärkung sowie gegen Fettleibigkeit und Skrofulose angewendet. Als Einreibung soll er bei Rheumatismus, Lumbago und Verstauchungen besonders gut wirken.

Blutwurz. Man verabreichte ihren roten Saft bei Blutarmut. Fünfzig Jahre lang haben Mediziner mit jedem Teil der Pflanze experimentiert. Sie erwies sich als wirksam bei Ruhr, Gelbsucht, Geschwüren, Amenorrhoe, Gonorrhoe, Lungenentzündung, Tuberkulose, Emphysem, Asthma, Keuchhusten und Krupp. Mit der pulverisierten Wurzel oder Tinktur behandelte man Ringelflechte, wunde Stellen und schwammige Tumore.

Die Indianer nannten sie Puccoon und gebrauchten sie als Brechmittel, als Farbstoff und zum Vertreiben von Insekten. Manche Stämme wandten sie gegen Rheumatismus an, zum Weissagen, als Aufguß gegen verschiedene Krankheiten und zur Bekämpfung des Fiebers. Der Saft der Wurzel half gegen Verbrennungen. Als Zusatz zu anderen Kräutern verstärkte die Blutwurz deren Wirksamkeit. Ahornzuckerstücke, mit ihrem Saft beträufelt, halfen bei Halsschmerzen. Der Aufguß der Blutwurz wurde auch bei Diphtherie verwendet. Blutwurz wurde von 1820 bis 1926 von der USP geführt und von 1926 bis 1965 von der NF, und zwar als anregendes, schleimlösendes und stärkendes Mittel, als Brech- und Umstimmungsmittel.

Manche Kräuterspezialisten schätzen die Pflanze heute auch wegen ihres Gehalts an Morphium sowie als Brechmittel, Abführmittel und bei Regelbeschwerden. Wegen ihrer schleimlösenden Eigenschaft wird auch chronische Bronchitis damit behandelt. Es ist bekannt, daß die Pflanze äußerst giftig ist.

Der amerikanische Tormentill *(Geranium maculatum)*

war auch als Blutwurz bekannt. Man nahm es als Wundheilmittel. Die Wurzel enthält viel Tannin und wirkt stark adstringierend (zusammenziehend), ist antiseptisch, blutstillend und harntreibend. Auch Durchfall wird damit behandelt. Die USP führte ihn von 1820 bis 1916 und die NF von 1916 bis 1936 in ihren Listen. Die Indianer benutzten Tormentill gegen Geschlechtskrankheiten, zur Blutstillung und bei Darmleiden. Kindern gaben sie Tormentill mit wildem Wein gemischt als Mundspülung bei Mundschwamm. Ein Aufguß aus den Wurzeln half bei Zahnfleischeiterung, Zahnschmerzen und Neuralgien. Die Indianer behandelten auch Hämorrhoiden damit. Zusammen mit anderen Mitteln nahm man Tormentill ferner bei Durchfall. Die Ärzte in den entlegenen Gebieten Amerikas empfahlen Tormentill bei Geschwüren im Mund und Halsschmerzen, als mildes Adstringens und Wundheilmittel, bei Ruhr, Tripper und anderen Geschlechtskrankheiten, gegen Cholera bei Kindern, Durchfall und fallweise bei Nierenentzündung.

GRANATAPFELBAUM. Die Rinde von Ästen und Wurzeln findet Verwendung als Stärkungsmittel, Umstimmungs- und adstringierendes Mittel, bei Fieber, Nachtschweiß, Durchfall sowie Geschwüren in Hals und Mund. In der Antike waren Granatapfelkerne das bevorzugte Mittel gegen Bandwürmer. Die ganze Frucht und Rinde wurde zur Stärkung von Zahnfleisch und lockeren Zähnen verordnet. Manche Kräuterspezialisten empfehlen noch heute Granatapfel gegen Würmer und als Mittel gegen Durchfall, Ausfluß sowie bei Irritationen von Gebärmutter und Rectum. Bei Einnahme von zuviel Rinde kann es zu Erbrechen, Krämpfen, Gefühlslosigkeit in den Beinen, Sehstörungen und verstärktem Harnlassen kommen.

KOPF

WALNUSS. Man meinte, die Walnuß wäre für den Kopf geschaffen worden, weil sie ihm so ähnlich ist. Man benutzte die äußere Schale bei Kopfverletzungen und die Rinde des Baums gegen Ringelflechte. Die gestoßenen und in Essig getauchten Blätter wurden bei Ohrenschmerzen verordnet. Kräuterkenner haben Rinde und Blätter als umstimmendes, Abführ- und Wundreinigungsmittel verwendet sowie zur Behandlung von Ekzemen, Flechten und Skrofulose.

HERZ

SAUERKLEE. Man nahm die Blätter bei Herzbeschwerden, weil sie „. . . breit an den Enden, in der Mitte gespalten und spitz gegen den Stengel hin . . .“ waren.

Später wurde Sauerklee als harntreibendes Mittel verwendet, bei Erkrankungen des Harntrakts sowie als Fiebermittel und zur Behandlung von Katarrhen und Blutungen. Man verordnet Sauerklee heute selten, weil zu große Mengen gefährliche Wirkungen haben können, aber in kleinen Mengen ist er eine gesunde und erfrischende Zutat zu Salaten.

HERZKLEE. *(M. maculata)*. In *Art of Simpling* schreibt William Coles: „. . . Nicht nur ist das Blatt dreieckig, wie das Herz eines Menschen, sondern jedes Blatt ist auch genau wie ein Herz gezeichnet, und zwar in seiner wahren

Fleischfarbe. Er verteidigt das Herz gegen den schädlichen Dunst der Milz."

LUZERNE *(Medicago sativa)*, eine Verwandte des Herzklees, wurde unter anderem auch als Linderungsmittel bei Wassersucht verwendet. Man verschreibt den Tee als appetitförderndes Mittel, bei Magengeschwüren, als harntreibendes und Abführmittel. Luzerne enthält unter anderem die Vitamine A, D und E sowie acht wichtige Verdauungsfermente.

HOLUNDER. Man hielt das Holundermark für ein Heilmittel gegen Wassersucht, weil sein Gewebe, wenn man es zwischen den Fingern preßte, einen Abdruck zeigte, „wie die Beine und Füße eines wassersüchtigen Menschen". Manche Indianerstämme heilten verschiedene Krankheiten mit Holunder. Einige verwendeten die gekochte Rinde der Wurzel bei schmerzhaften Schwellungen und Schleim in den Lungen. Der Tee aus den getrockneten Blüten wurde gegen Fieber gegeben sowie als harn- und schweißtreibendes Mittel. Ein Absud aus Rinde und Knospen wurde bei Sumpffieber und Entzündungen verabreicht. Bei Rheumatismus und Kopfschmerzen machte man Umschläge damit, und in Form von Salbe wurde er auf wunde und schwielige Stellen, Geschwüre und Verbrennungen aufgetragen.

Kräuterkenner verwendeten Rinde, Beeren und Blüten als alterierendes Mittel bei Rheumatismus und zahlreichen chronischen Leiden. Die innere Rinde wird als wasseraustreibendes und als Brechmittel genommen. Sie gilt auch als ausgezeichnetes Heilmittel bei Leberbeschwerden und wurde in der Behandlung der Epilepsie erfolgreich eingesetzt. Grippe wird mit einem Aufguß aus Holunderblüten und Pfefferminze bekämpft. In England nimmt man seit Jahrhunderten bei Husten und Erkältungen einen mit Zucker gekochten Saft aus Holunderbeeren, Brombeeren und Holzäpfel. Eine Salbe aus Holunder wird auf Schnittwunden, Verbrennungen und Abschürfungen aufgelegt, die Blätter heilen wunde Stellen und aufgesprungene Haut.

Berichte über die Heilkraft des Holunders würden Seiten füllen. John Evelyn (1620–1706), ein berühmter Autor und Mitglied der englischen Royal Society schrieb: „... würde man alle heilkräftigen Eigenschaften seiner Rinde, Blätter und Beeren kennen, ich wüßte nicht, was unseren Landsleuten dann noch fehlte".

NIERENSTEINE

WEISSER RIESENSTEINBRECH *(Saxifraga granulata)*. Seine Ähnlichkeit mit kleinen Steinen führte dazu, daß man Nierensteine damit behandelte. Auch Steinsame konnte angeblich, wie der Steinbrech, Nierensteine auflösen. Er war auch als harntreibendes Mittel bekannt, und man hielt ihn für einen Schutz gegen die Pest.

Pimpinella Saxifraga wurde als Abführmittel, zur Magenstärkung, als Aromastoff, Adstringens, Stärkungs- und blutstillendes Mittel benutzt.

LEBER

BERBERITZE *(Berberis vulgaris)*. Man hielt die gelbe Rinde für ein gutes Mittel gegen Gelbsucht und gab es auch in Bier oder Wein als Abführmittel. Die Farbe der Berbe-

ritze glich der Galle, also behandelte man damit Gallenleiden. Die Indianer kochten die Wurzeln und Äste und
bekämpften damit Magengeschwüre. Bei eitrigem Zahnfleisch und Halsschmerzen nahmen sie einen Brei aus
Wurzeln oder Rinde ein. Unsere Ärzte verschrieben Berberitze früher bei Leberbeschwerden, Gelbsucht, Gallenleiden und allgemeiner Schwäche.

Die USP führte Berberitze von 1863 bis 1882 als Stär-
kungs- und Blutreinigungsmittel. Kräuterkenner empfahlen sie als Abführmittel, Adstringens, Stärkungsmittel
und Verdauungshilfe. Verwandte Arten haben ähnliche
Eigenschaften, und alle enthalten das Alkaloid Berberin.
Wegen ihres Reichtums an Vitamin C wird die Berberitze bei Vitaminmangelerscheinungen verschrieben. In
Europa wird aus der Wurzel ein Tee zur Behandlung
chronischer Dyspesie bereitet.

FEIGWURZ (auch Schellkraut). Der gelbe Saft dieses
Krauts war ein weiteres Mittel gegen Gelbsucht. Mit
Weißwein und einigen Aniskörnern gekocht soll Feigwurz Leber- und Gallenleiden beheben. Mit der Rinde
des Walnußbaumes gemischt, entfernt sie Galle aus der
Leber. Als Tee schätzt man sie bei Gelbsucht, Milzleiden,
Ekzemen und anderen Hauterkrankungen. Man behandelt Hautabschürfungen und Blutergüsse mit dem Aufguß. Der frische Saft gilt als sehr wirksam bei Hühneraugen, Warzen, Ringelflechte, wunden Stellen, Geschwüren, Ekzemen und Skorbutausschlägen. In Form von
Augentropfen heilt Feigwurz bei Augenschmerzen. Sehr
häufig wird sie als wichtiger Bestandteil von Hämorrhoi-
densalbe verwendet. Heute gilt sie vor allem als Anregungsmittel, als umstimmend, harn- und schweißtrei-

bend. Auch als Abführmittel, Adstringens und Wundheilmittel findet sie Verwendung.

LEBERBLÜMCHEN. Es sieht der Leber so ähnlich, daß
man es nach ihr benannte. Das amerikanische Leberblümchen (*Anemone hepatica*) wurde als Stärkungsmittel,
mildes Adstringens, harntreibendes und hustenlindern-
des Mittel verwendet. Die Indianer tranken einen Tee
aus Wurzeln und Blättern der *Hepatica triloba,* um
Schwindelgefühl zu bekämpfen, und meinten, daß *H. acu-
tiloba* Deformierungen des Mundes und Schielen beseiti-
ge. Als orale Behandlung wurde ein Tee aus seinen Wurzeln getrunken, aber es diente auch zur äußerlichen Rei-
nigung. Gemischt mit Frauenhaarwurzel wurde es bei
Frauenleiden, besonders bei Leukorrhoe verschrieben.
Gegen Husten nahm man den Tee oder kaute die Wurzel.

Das englische Leberblümchen oder Hundsflechte
(*Peltigera canina*) wurde noch immer als ausgezeichnetes
Mittel gegen Leberleiden betrachtet, aber meistens mit
anderen Heilkräutern gemischt. Eine Zeitlang hielt man
es für ein Spezialmittel gegen Tollwut.

RHABARBER. Die Signatur des Rhabarbers war „Leben,
Seele, Herz und Lebersirup". Der Türkische Rhabarber
wurde von der USP von 1820 bis 1950 und von der NF
von 1950 bis 1965 geführt. Man benutzte die Wurzel als
kräftiges Abführmittel, Adstringens, Stärkungsmittel, zur
Magenstärkung sowie pulverisiert bei Durchfall und als
Abführmittel. Seine stark adstringierende Wirkung wird
besonders geschätzt, weil sie die abführende Wirkung
nicht beeinträchtigt. Rhabarber wird noch heute für die
Leber empfohlen, da er die Gallengänge anregt, indem er

das ganze System von biliösem Material reinigt. Obwohl die Tinktur häufiger in Gebrauch ist, hält man das Pulver für ebenso wirksam und verläßlich.

Die Wurzeln der englischen Rhabarbersorten, *Rheum officinale* und *Rheum rhaponticum*, sind in ihrer Wirkungsweise dem türkischen Rhabarber ähnlich, nur sind sie milder. Der englische Rhabarber ist besonders gut bei Magen- und Darmbeschwerden von Kindern. Die Stengel sind eßbar, für Leute mit Nieren- oder Blasenleiden, Rheumatismus oder schwachem Darm nicht empfehlenswert. Die Blätter enthalten Oxalsäure, die schon in geringen Mengen tödlich sein kann. Die amerikanischen Indianer verwendeten viele Pflanzen, die sie wilden Rhabarber nannten, aber wir wissen nicht mit Sicherheit, welche davon tatsächlich zu den Rhabarberarten gehören.

LUNGE

LUNGENKRAUT. Die gefleckten Blätter wurden den Lungenkrankheiten zugeordnet, insbesondere der Tuberkulose. Man hält sie für sehr wirksam bei Husten, Asthma, fast allen Brust- und Lungenleiden, Schnupfen, Grippe, Bronchialbeschwerden, Lungenblutungen und Gelbsucht.

MALARIA

ZITTERGRAS *(Briza media)* und Zitterpappel *(Populus tremoloides)*. Man verwendete diese Pflanzen gegen Malaria und Rheumatismus. Die Pappel war allgemein anerkannt als stärkendes, harntreibendes und anregendes Mittel. Man verabreichte die verschiedenen Extrakte unbeschränkt bei Ohnmachtsgefühl, Schwäche, nervösen Beschwerden und Verdauungsstörungen. Dioskorides rühmte es als gutes Mittel gegen Ischias „... oder Schmerzen im Hüftknochen".

Eine Tinktur aus der Rinde der *P. balsamifera* wird heute gegen Infektionen im Bereich des Brustkorbes, der Nieren und des Magens sowie bei Rheumatismus, Gicht und Skorbut verwendet. Die Knospen wurden als Wundheilmittel und als schleimlösendes Mittel verwendet. In Europa legt man die Blätter in kaltes Wasser und trinkt die abgeseihte Flüssigkeit als Blutreinigungsmittel.

RHEUMATISMUS

WEIDE. Weil sich die Weide so graziös und geschmeidig bewegt, wurde Tee aus der Rinde gegen Rheumatismus genommen.

BRUCH

BRUCHKRAUT *(Herniaria glabra)*. Schon aus dem Namen ergibt sich die Verwendung. Gerard schrieb: „Man berichtet, daß es einzigartig ist gegen Bruch, wenn man es trinkt, und so mancher, der zerrissen war, wurde wieder gesund durch dieses Kraut ..."

Es wird heute kaum verschrieben, wurde aber als adstringierendes und harntreibendes Mittel sowie gegen Blasenkatarrh verabreicht.

MILZFARN. Wegen ihrer lappenförmiger Blätter brachte man die Pflanze in Verbindung mit der Milz, was ihr auch den Namen gab. Sie wird als stärkendes, zusammenziehendes und schleimlösendes Mittel verwendet. Bei Nebenhöhlenkatarrh helfen die Blätter, wie Tabak in der Pfeife geraucht. Als Tee nimmt man Milzfarn gegen Durchfall. Letztere Anwendung wurde auch im United States Dispensatory geführt. Andere Quellen berichten, das Kraut wäre äußerlich angewendet hochwirksam gegen den vom Giftsumach *(Rhus toxicodendron)* verursachten Ausschlag.

ZÄHNE

TANNE. Man benutzte einen Extrakt aus den Zapfen zum Gurgeln bei Zahnschmerzen und Zahnfleischbeschwerden, weil die holzigen Schuppen den Zähnen ähnlich sahen. Die Zahnwurz aus der Gattung *dentaria* wurden gegen Zahnschmerzen angewendet.

ALLHEILMITTEL

Die Europäische Alraune *(Mandragora officinarum)* wurde einst als die bedeutendste Pflanze überhaupt angesehen, als Wundermittel, das einfach alles und jedes heilen konnte.

Kein Mittel aus der Lehre der Signaturen hat eine so dramatische Geschichte wie sie. Im 15. und 16. Jahrhundert wurde die Alraune zu haarsträubend hohen Preisen verkauft. Weil ihre Wurzel einem Menschen ähnlich ist, glaubte man, sie könne sämtliche Krankheiten des ganzen Körpers heilen. Was die Käufer jedoch nicht wußten oder sich weigerten zur Kenntnis zu nehmen, war, daß die begehrte Wurzel ihre Menschenähnlichkeit nicht vom Schöpfer hatte, sondern von den geschickten Händen eines Holzschnitzers. Und obendrein handelte es sich meistens nur um eine Zaunrübe, die man mit Hirsesprößlingen als „Haare" versehen hatte.

Bacon schrieb: „Es gibt manche Pflanzen (aber sie sind selten), die eine moosige oder flaumige Wurzel haben, oder mehrere Fäden, die Bärten gleichen, wie die Alraune, aus der Hexen und Schwindler häßliche Gestalten machen, mit einem Gesicht am oberen Ende der Wurzel, so daß die Fäden wie ein Bart bis zu den Füßen hängen."

Die schrecklichsten Geschichten wurden erfunden, um die Alraune aus den Gärten einfacher Leute fernzuhalten. Eine der erfolgreichsten war das Märchen, wonach die Alraune nur im Schatten eines Galgens wachse und ihre Nahrung aus dem Samen erhängter Verbrecher bestünde. Beim Ausgraben würde sie einen schrecklichen Schrei ausstoßen, der jeden – Mensch oder Tier – umbringe, der es wagte, an ihr zu ziehen. Wer es wirklich wagte, dem Fluch zu trotzen, ging folgendermaßen vor: Er hungerte einen armen Hund ein paar Tage aus, band seinen Schwanz dann an die Alraunpflanze, und lockte das halbverhungerte Tier mit einem Stück Fleisch. War die Wurzel einmal freigelegt, hatte er nichts mehr zu befürchten. Der Hund ging meistens am Hunger oder an der plötzlichen Überfütterung ein, was die Geschichte nur noch glaubwürdiger macht. Die Kräuterkenner ärgerten sich, daß man die Leute davon abhielt, die Alraune zu ziehen, aber das Volk war damals zu abergläubisch, um auf sie zu hören.

Wegen ihrer narkotisierenden Wirkung wurde die Alraune als mystische Pflanze hoch verehrt. Plinius beschreibt die Zeremonie des Ausgrabens: Wer sie ausgraben wollte, mußte mit dem Rücken zum Wind stehen, mit der Schwertspitze drei Kreise um die Pflanze beschreiben und während des Herausziehens nach Westen blicken, damit die Wirksamkeit der Pflanze nicht verlorengehe. Zu Plinius' Zeiten machte die Medizin ausgiebige Verwendung von der Alraune, vor allem als Betäubungsmittel. Man trug sie aber auch als mächtiges Liebesamulett. Die Araber, die kundigsten unter den Kräuterkennern, verwendeten sie auch als Gift. Man verwertete alle Teile der Pflanze. Die überbrühten Blätter wurden auf Geschwüre, Narben und Entzündungen aufgelegt, sogar als Zäpfchen wurden sie verwendet. Die Rinde der Wurzel wurde mit Urin vermischt als Brech- und Abführmittel sowie als Betäubungsmittel verabreicht.

In den Anfängen der Medizin wurde diese giftige Pflanze bei schmerzhaften Operationen – etwa am Schädel – als Betäubungsmittel benutzt, und man führte damit auch vollständige Bewußtlosigkeit herbei. Man glaubte auch, daß die Alraune Hysterie beruhigen, Schlaf bringen und weibliche Sterilität beheben könnte. Außerdem sollte sie die Empfängnis fördern. 1963 berichteten indische Wissenschaftler, daß sterile Frauen, die mit einem Alraunenextrakt behandelt worden waren, mit Regelmäßigkeit männliche Säuglinge zur Welt brachten.

Die amerikanische Alraune *(Podophyllum peltatum)* ist mit der europäischen in keiner Weise verwandt, hat aber ähnliche therapeutische Wirkungen. Die giftige Wurzel wurde als starkes Abführmittel und als Brechmittel, als harntreibendes Mittel und als Wurmkur benutzt. Der Fruchtsaft wurde in das Ohr geträufelt, um das Gehör wiederherzustellen. Die pulverisierte Wurzel wurde als Gegengift bei Gicht und Fieber gegeben. Auch Warzen behandelte man damit. Zusammen mit anderen Kräutern wurde diese Alraunenart als Abführmittel und gegen Rheumatismus verwendet. Die getrocknete Wurzel wird seit 1820 von der USP geführt.

Podophyllin, ein Extrakt aus dieser Pflanze, wird von der pharmazeutischen Industrie zur Behandlung von venerischen Geschwüren hergestellt, und es ist bekannt, daß Krebsspezialisten es bei verschiedenen Hauttumoren anwenden. Es wird noch immer als starkes Abführmittel, als wasseraustreibendes Mittel und als Brechmittel angewendet.

Kräuterspezialisten empfahlen die amerikanische Alraune zur Bekämpfung chronischer Erkrankungen der Leber, der Gelbsucht, bei von der Galle verursachtem Fieber, Erkrankungen der Gebärmutter und zum Regulieren der Darmtätigkeit. Als Abführmittel angewendet wird sie meistens mit Sennesblättern gemischt. Die USDA warnt vor unsachgemäßem Gebrauch; er kann gefährlich sein. Die Schweizer Heilmittelfirma Sandoz hat in Podophyllumarten einen Wirkstoff gegen Krebs entdeckt, der aber nur in der Schweiz und gegen ärztliches Rezept erhältlich ist.

Die Bibel erwähnt zweihundertdreißig Pflanzen, viele davon für Heilzwecke. Kräuter werden siebenunddreißigmal angeführt, die Feige siebenundfünfzigmal. Im 2. Buch Könige, 20,7, wird folgendes Rezept gegeben: „Und Jesaja sprach: Bringet her ein Pflaster von Feigen! Und da sie das brachten, legten sie es auf die Drüse; und er ward gesund." In Markus 14,3 finden wir: „Und da er zu Bethanien war, in Simons, des Aussätzigen Hause, und saß zu Tische, da kam ein Weib mit ungefälschtem und köstlichem Nardenwasser, und sie zerbrach das Glas und goß es auf sein Haupt."

Narde und Feigen werden in der Medizin heute noch verwendet, wie wir bald sehen werden. Im folgenden werden einige der vielen in der Bibel erwähnten Pflanzen angeführt.

MELISSE (*Melissa officinalis*). „Melisse ist ein höchst wirksames Mittel für das Gehirn, sie stärkt das Gedächtnis und mächtig verjagt sie die Melancholie." Im Altertum glaubte man, Melisse könne das Leben auf vier-, fünfhundert Jahre verlängern. Als heißer Tee wirkt sie sehr stark schweißtreibend, und sie kann eine Erkältung im Frühstadium kurieren. Man nimmt den Tee auch bei schmerzhaften und verzögerten Regelblutungen; kalt getrunken ist er ausgezeichnet zur Stärkung der Nerven. Melisse ist auch eine Verdauungshilfe und vertreibt von Migräne verursachte Übelkeit und Erbrechen. Sie wurde mit ähnlichem Erfolg auch bei Störungen der Nieren-, Blasen-, Leber-, Milz- und der Darmfunktion verwendet.

ZICHORIE *(Cichorium intubus)*. Zichorie hilft zwar bei Gelbsucht oder vergrößerter Leber, kann aber das Sehvermögen angreifen, wenn sie über einen längeren Zeitraum genommen wird. Als Tonikum reinigt sie Magen, Milz und Nieren. Sie soll ein gutes Mittel sein gegen Gicht und Rheumatismus. Leute, die zu Blutarmut oder hohem Blutdruck neigen, sollten niemals Zichorie nehmen.

GURKE *(Cucumis sativus)*. Dr. Alfred Taylor, Physiologe der University of Texas und Leiter einer Forschungsgruppe, die nach botanischen Heilmitteln gegen Krebs suchte, stellte fest, allerdings nur im Versuch mit Hühnerembryos und Mäusen – daß die Gärtnergurke ausgezeichnete krebshemmende Eigenschaften besitzt. Eine Gurkendiät kann Krebs bei Menschen nicht heilen.

LÖWENZAHN *(Taraxicum officinale)*. Er ist ein ausgezeichnetes Blutreinigungsmittel und zerstört Blutsäuren. Die Wurzel wird oft als Kaffee getrunken, ist ihm auch im Geschmack ähnlich. Der milchige Saft des ganzen Krauts wird als harntreibendes, allgemein stärkendes und magenstärkendes Mittel verwendet. Löwenzahn ist auch wirksam bei Nierenleiden, Zuckerkrankheit, Wassersucht, Darmentzündung und Blutarmut und soll zahlreiche Nährsalze enthalten. Er verstärkt die Aktivität von Leber, Bauchspeicheldrüse und Milz und wirkt daher kongestionsvermindernd.

Die Indianer verwendeten die Blätter als Abführmittel und machten aus den Wurzeln einen Tee gegen Sodbrennen. Man verwendete die Wurzeln auch als Stärkungsmittel und gegen Schmerzen im Brustkorb. Die NF führte Löwenzahn 1888 als Elixier. Die getrocknete

Wurzel wurde in den Listen der USP von 1831 bis 1926 und von der NF bis 1965 geführt, und zwar als harntreibend, stärkend und als mildes Abführmittel.

ENDIVIE *(Cichorium endivia)*. Ein Tee aus den frischen oder getrockneten Blättern wird bei jeder Art von Gallenleiden empfohlen.

FEIGE *(Ficus carica)*. Diese Frucht wird in fast jedem Land der Welt als Heilmittel verwendet. In Milch gekocht, hilft sie bei wunden Stellen und Geschwüren. Geröstete Feigen legte man auf Furunkel, Zahnfleischgeschwüre und Karbunkel auf. Der milchige Saft aus dem Stengel eines frischen Blattes bringt Warzen zum Abfallen, wenn man ihn öfter aufträgt. Überbrühte Blätter werden gegen Ringelflechte und Irritationen der Kopfhaut angewendet. Jahrhundertelang benutzte man Feigen, um Lepra zu heilen. In Gerstenschleim gekocht werden Feigen heute bei Lungenbeschwerden genommen. Und wie fast jeder weiß, helfen sie, roh gegessen, bei Verstopfung.

LEINSAMEN oder FLACHSAMEN *(Linum usitatissimum)*. Ein Tee daraus wird bei Schnupfen und Husten genommen. Leinsamenöl ist eine ausgezeichnete Hilfe bei Verbrennungen, Blutergüssen oder Verstauchungen. Gemahlen und gekocht und mit der Rinde der nordamerikanischen Ulme oder mit pulverisierten Lobeliensamen gemischt, kann man damit einen guten Breiumschlag gegen Geschwüre, wunde Stellen, Furunkeln, Karbunkeln, Brust- und Lungenentzündungen sowie Rippenfellentzündungen bereiten. Die Haut reagiert darauf nicht mit Blasen, wie bei Senfpflastern.

GUMMIHARZ DES ARABISCHEN WEIHRAUCHBAUMS *(Boswellia*

carterii). Sowohl Plinius als auch Avicenna, der persische Philosoph und Arzt (980–1037), erwähnten ihn als Gegengift gegen Schierling. Er wird auch bei Tumoren sowie bei Geschwüren an Kopf und Ohren verschrieben. Weil die erstarrten Harztropfen oft wie kleine Brüste aussehen, behandelte man damit Erkrankungen im Brustraum. Avicenna empfahl das Harz bei Erbrechen, Ruhr und Fieber.

Im Osten wendete man es äußerlich zur Heilung von Karbunkeln, Furunkeln und brandigen Stellen an, sowie oral gegen Tripper. Die Chinesen hielten es für ein verläßliches Mittel gegen Lepra und Kropf. Heute gebraucht man das Gummiharz als Mittel zur Anregung, Stärkung und Beruhigung sowie als adstringierendes und Wundheilmittel.

Die Ägypter und Inder verbrannten Weihrauch bei ihren religiösen Zeremonien. Der Rauch sollte den Geist anregen, das Bewußtsein erweitern und hellseherische Fähigkeiten unterstützen.

KNOBLAUCH *(Allium sativum)*. Knoblauch ist eines der ältesten Heilmittel der Welt. Bereits 3000 v. Chr. benutzten ihn die Babylonier für medizinische Zwecke, und seit Jahrtausenden wird er als anregendes, antiseptisches und harntreibendes Mittel und gegen Blähungen verwendet. In Form von Sirup, mit Honig oder Zucker versetzt, nahm man ihn bei Asthma, Tuberkulose, Heiserkeit, Keuchhusten und Bronchitis, ferner gegen alle Darmbeschwerden, als Wurmkur, bei Hauterkrankungen und Rheumatismus, ganz allgemein galt er als Lebensverlängerer. Aristophanes empfahl den Saft als Potenzmittel. Dioskorides verordnete Knoblauch bei allen Lungen-

und Darmbeschwerden, Galenus benützte ihn als Gegengift.

Viele dieser therapeutischen Eigenschaften des Knoblauchs werden heute in den Laboratorien in aller Welt bestätigt. Extrakte aus Knoblauch (und Blutwurz) zeigten sich im Tierversuch wirksam gegen Krebstumore. Eine Empfehlung für einen entsprechenden Gebrauch in der Humanmedizin steht jedoch noch aus. Schon 1935 berichteten japanische Wissenschaftler, daß der Knoblauch antiseptische Eigenschaften besitze und gegen Typhusbazillen wirksam sei. Albert Schweitzer verwendete ihn bei Typhus und Cholera. Im Zweiten Weltkrieg wurde er in der britischen Armee als Wundheilmittel eingesetzt, und es gab keinen einzigen Fall von Blutvergiftung unter den mit Knoblauch Behandelten. In Brasilien bekämpfte man Darminfektionen mit einem Extrakt daraus. In entwässerter Form wurde Knoblauch auch gegen Magen- und Darmstörungen verabreicht. In Rußland ist Knoblauchöl so gebräuchlich, daß es russisches Penicillin genannt wird.

Knoblauch wurde auch zur Behandlung der von Giftsumach verursachten Hautaffektionen benützt. Gerieben oder zu einer Salbe verrührt, verwendeten ihn die Indianer für Umschläge bei Karbunkeln, Krupp, Lungenentzündung und Erkältungen der Atmungswege. Den erhitzten Saft gaben sie Kindern gegen Krupp. Knoblauch wurde von 1820 bis 1905 von der USP geführt.

Zu Beginn unseres Jahrhunderts stellte ein englischer Arzt, der in Dublin praktizierte, fest, daß Knoblauch Tuberkulose heilt. 1954 berichtete ein russischer Wissenschaftler, daß in Bakterienkolonien innerhalb von drei

Minuten jede Bewegung aufhöre, wenn die Bakterien mit frischem Knoblauchsaft in Berührung kämen. Man hat jahrelang auf der ganzen Welt experimentiert, und heute ist man allgemein überzeugt, daß die Völker der Antike mehr über diese Wunderknolle wußten als wir.

SCHIERLING *(Conium maculatum)*, auch gefleckter Schierling, ist eine giftige perennierende Pflanze. Ihre getrockneten unreifen Früchte sowie die getrockneten Blätter wurden als Beruhigungsmittel gegeben, und um Schmerzen infolge von Arthritis, Gicht, Geschwüren und Muskelkrämpfen zu lindern. Der Wasserschierling, in England als „Dead Tongue" (Totenzunge) bekannt wegen seiner lähmenden Wirkung auf den Rachen, wurde in Teilen Frankreichs zur Entfernung von Muttermalen verwendet.

HEMLOCK oder SCHIERLINGSTANNE *(Tsuga canadensis)*. Man hielt sie für eine äußerst wirksame Heilpflanze. Die Indianer nahmen die pulverisierte Rinde bei Durchfall ein. Zum Kurieren von Erkältungen tranken sie einen Tee aus den Nadeln, Zweigen oder der inneren Rinde. Äußerlich behandelte man Schnitte und Wunden damit.

Das ölige Harz dieser Tanne wurde von der USP von 1831 bis 1894 als Heilmittel geführt. Häufiger als andere Teile wurde die innere Rinde wegen ihres Tanningehalts verwendet. Das Harz wurde als mildes hautrötendes Mittel und in der tierärztlichen Praxis als Salbe benutzt.

WACHOLDER *(Juniperus communis)*. Die Indianer verwendeten Wacholderblätter als Desinfektionsmittel, indem sie sie verbrannten; sie glaubten, der Rauch habe reinigende Wirkung. Die Beeren wurden als harntreibendes Mittel eingenommen. Die *Pharmacopoeia Londinensis* (1618) führte das Öl der Beeren als harntreibendes Mittel an. Die getrockneten Beeren des *J. communis* und des *J. depressa* wurden von der USP von 1820 bis 1873 und von der NF von 1916 bis 1960 als harntreibendes Mittel geführt; das Öl der Beeren schien von 1820 bis 1947 in den Listen der USP und von 1947 bis 1955 in jenen der NF auf, und zwar als harntreibendes und die Regelblutung förderndes Mittel und als Antiseptikum für das Urogenitalsystem.

In der Antike lobte man die Heilkraft des Wacholders. Man aß die Beeren bei Husten, Krämpfen, Tuberkulose, Hämorrhoiden, Gicht, bei heftigen Geburtswehen und Bruchleiden; zur Stärkung des Gehirns und um Gedächtnis und Sehvermögen zu stärken; bei nervösen Störungen und Epilepsie; um Nierensteine zu entfernen und bei Verdauungsstörungen. Damals machte man auch einen Wein daraus, und heute wird er bekanntlich zur Herstellung von Gin verwendet.

Öl, Holz und Beeren des Wacholders werden noch immer als wertvolle Heilmittel angesehen. Wacholdertee trinkt man bei Beschwerden im Harntrakt, Blasenkatarrh, Verdauungsstörungen, Geschlechtskrankheiten, bei Skorbut und Wassersucht. Er gilt auch als empfängnisverhütendes Mittel. In größeren Dosen genommen kann Wacholdertee die Harnwege reizen.

Auch bei uns wurde Wacholder als Desinfektionsmittel verwendet. Die Beeren wurden verbrannt, ihr Rauch schützte angeblich gegen Infektionskrankheiten. Nachdem die Leute sich dem Rauch ausgesetzt hatten, tranken sie noch Wacholdertee oder kauten die Beeren, um Ansteckung zu verhüten. Früher wurden in den Krankenzimmern der Hospitäler täglich Wacholderzweige und Rosmarinblätter verbrannt, um die Ausbreitung von Infektionen zu verhüten.

Versuche am National Cancer Institute der USA, die vor einigen Jahren durchgeführt wurden, zeigten, daß Wacholder und die amerikanische Alraune bei Versuchstieren anscheinend Krebszellen zerstören.

KOPFSALAT *(Lactuca sativa)*. Seit Hunderten Jahren wird Salat als Tee gegen Schlaflosigkeit und Verstopfung getrunken. Auch gegen Schmerzen wird er verschrieben. Man hält Salat für ein Schlafmittel; in manchen amerikanischen Reformgeschäften kann man ihn sogar in Form von Zigaretten kaufen. Mit Rosenöl gekocht hilft er gegen Kopfschmerzen. Stillende Mütter bekommen mehr Milch, wenn sie frischen Salat essen. Der römische Kaiser Augustus verdankte ihm sein Leben – ja Salat wurde als Lebensretter so hoch eingeschätzt, daß ihn die Römer in einer Mischung aus Essig und Honig einlegten.

WILDER SALAT *(L. virosa)* wird als Extrakt und Hustensirup verkauft und wird auch als schlafförderndes Mittel verwendet. Die getrockneten Blätter gelten als schmerzstillend und beruhigend. Aus den Samen bereitet man einen Tee, der bei Reizungen des Urogenitalsystems Erleichterung bringt. In Rußland verwendet man Salat zur Linderung von Affektionen der Atmungswege.

Die Indianer benutzten den Saft von *L. canadensis* bei Ausschlägen, die von Giftsumach verursacht worden waren. Ein Tee aus *L. spicata* wurde von stillenden Müttern benutzt, um den Milchfluß zu erleichtern. *L. scariola* wurde nach der Entbindung als Tee genommen, um die

Milchproduktion anzuregen. Die Siedler benutzten den milchigen Saft als Beruhigungsmittel und behandelten manche Säuglingskrankheiten mit dem Sirup. Laut USDA wurde die ganze Pflanze als harntreibendes und krampflösendes Mittel und als Emollentium (erweichendes Mittel) gebraucht. Beim Sammeln muß man darauf achten, keinen Saft in die Augen zu bekommen, da er stark reizt.

Der *L. virosa* wurde von der USP von 1820 bis 1951 als *Lactuca elongata* geführt. Der getrocknete milchige Saft ist als *Lactucarium* bekannt. Zusammen mit anderen Lactuca-Arten war er von 1820 bis 1926 als Beruhigungsmittel, harntreibendes und schleimlösendes Mittel offiziell in Gebrauch.

LILIE. Es gibt ungefähr 80 blühende Arten, die zum *Lilium,* der typischen Art der Liliacea-Familie gehören. Den etwa 240 übergeordneten Gattungen gehören 4000 Liliacea-Sorten an, von denen viele landwirtschaftliche Bedeutung haben, wie etwa Spargel, Schnittlauch, Knoblauch, Porree und Zwiebel.

Zu einem der bekanntesten Lilien-Heilmittel gehört der amerikanische Hundszahn *(Erythronium americanum).* Wurzel und Kraut wurden in den USP-Listen von 1820 bis 1863 als Spezialmittel gegen Gicht geführt. Seit Jahrhunderten wurde der Hundszahn gegen Beschwerden im Bereich des Brustkorbs, des Darms, gegen Wassersucht, Schluckauf, Erbrechen und bei Überanstrengung der Augen angewendet. Die Blätter werden für Umschläge sowie als Tee bei Skorbutgeschwüren und Tumoren verwendet.

MAIGLÖCKCHEN *(Convallaria majalis).* Die getrockneten

Wurzeln waren von 1882 bis 1916 in den offiziellen Listen der USP und von 1916 bis 1950 in jenen der NF zu finden. Seit 1950 weiß man, daß das Maiglöckchen stärker ist als Digitalis und weniger Übelkeit und andere schädliche Nebenwirkungen verursacht. Vorsicht ist trotzdem geboten: frisch zubereitet und oral verabreicht ist es giftig.

Ein Aufguß mit destilliertem Wasser soll früher Sommersprossen und Sonnenbräune entfernt haben; auch Augentropfen wurden daraus hergestellt. Mit Wein destilliert benutzte man Maiglöckchenextrakt bei Lähmungen und Schlaganfällen und um das Sprechvermögen wiederherzustellen. Manche Kräuterspezialisten empfehlen es heute für Epilepsie, Schwindelgefühl und Krämpfen aller Art. Es soll das Gehirn stärken und das Gedächtnis verbessern.

MYRRHE *(Commiphora molmol* und andere Arten). Das Harz wurde von der USP von 1820 bis 1950 und von der NF von 1950 bis 1965 geführt. Schon 2000 v. Chr. betrachteten die Ägypter die Myrrhe als Medikament. Sie war eines der wichtigsten Mittel zur Einbalsamierung und wurde vor allem auch als Weihrauch geschätzt. Paracelsus und Plinius erwähnten die Myrrhe als Aromastoff. Man verwendet sie heute als antiseptisches, desinfizierendes, schleimlösendes und Wundheilmittel und zum Auslösen der Regelblutung. Bei Erkrankungen der Bronchien und Lungen gibt man Myrrhe zur Stärkung und Anregung. Sie fördert die Blutzirkulation und erhöht die Zahl der weißen Blutkörperchen. Oral wird sie bei Blähungen, Zahnfleischentzündung und Mundgeruch empfohlen, ist aber auch ausgezeichnet zum Spülen und Gurgeln, bei eitrigem Hals oder offenen Stellen im Mund, sowie als Zahnpulver. Man benützt sie als Salbe bei Geschwüren, Hämorrhoiden und offenen Stellen und in Einreibungen gegen Rheumatismus. Auch Brand bekämpft sie wirksam. Eine Myrrhentinktur trägt zur Stärkung des Zahnfleischs bei und hilft bei Eiterungen in Mund und Hals.

ZWIEBEL (*Allium cepa*). Die Zwiebel ist nicht nur ein Nahrungsmittel, sondern auch ein altbewährtes Medikament. Vor einiger Zeit hieß es, daß die in England wachsende Zwiebel Tuberkulose im Frühstadium heilen könnte.

Die Winnebago- und Dakota-Indianer behandelten Insektenstiche mit gestoßener wilder Zwiebel. Die Mohikaner machten daraus einen Sirup gegen Erkältungen. Bei manchen Leiden erwies sie sich als ebenso wertvoll wie Knoblauch. Die Indianer banden einen Zwiebelumschlag an die Fußsohlen zur Bekämpfung von Fieber. Als besonders wirksam gegen Geschwüre und Ohrenschmerzen galt ein Umschlag mit gerösteten Zwiebeln. Eingeweicht und mit holländischem Gin vermischt, verwendete man die Zwiebel bei Steinen und Wassersucht. Von den Samen sagte man, sie könnten, mit Raute und Honig vermischt, den männlichen Samen vermehren. Der Saft wirkte gegen Erkältungen und Verbrennungen, und man schnupfte ihn, um „den Kopf zu reinigen" und Lethargie zu überwinden. Mit Feigen gemischt wurde sie auf wunde Stellen aufgelegt.

AMERIKANISCHE NARDE (*Aralia racemosa*). Diese Narde wurde früher als Umstimmungs- und schweißtreibendes Mittel bei Rheumatismus sowie bei Lungen- und Haut-

krankheiten verwendet. Von den amerikanischen Pionie-
ren wurde sie als Hustensirup, bei Rheuma, als
Umschlag für wunde Stellen und zum Süßen benutzt.
Die Indianer machten aus der Wurzel einen Tee, der bei
Rücken- und Magenschmerzen half, und eine Salbe für
Schnitte und kleine Wunden. Die Wurzel verwendeten
sie gegen Blutvergiftung und, zerdrückt in einem heißen
Umschlag, gegen Entzündungen. Indianerfrauen legten
sich während der Entbindung Nardenbrei auf den Kopf.
Die Narde galt auch als Linderungsmittel bei Blähun-
gen, Husten, Asthma und Schmerzen in den Brüsten.

Die NF führte sie von 1916 bis 1965. Die pulverisierten Wurzeln wurden als stärkendes und schweißtreibendes Mittel benutzt. Die Pflanze wird wegen ihrer ausge-
prägten alternativen Eigenschaft noch immer oft gegen
Rheumatismus und bei zuviel Harnsäure verordnet. Die
amerikanische Narde hilft, meistens mit anderen Mitteln
gemischt, auch bei Hautausschlägen und Pickeln.

DISTEL Der Name wird für fast alle krautartigen Pflanzen mit Stacheln verwendet.

Man erachtete sie früher als ein Allheilmittel und
Gegengift zu allen Giften. Im 16. Jahrhundert empfahl
man sie als das perfekte Mittel gegen Kopfschmerzen.
Heute weiß man, daß sie innere Blutungen stillt und
gebraucht den Samen als Brechmittel. Man verwendet
die Distel bei Verdauungsstörungen und Regelbeschwerden, als Anregungs- und Stärkungsmittel. Der obere Teil
des Krautes wird zur Wurmkur verwendet. Der Tee
wird gerne zur Blutreinigung genommen, bei Verdauungsstörungen, Erkältung, Fieber und zur Anregung für
die Milchdrüsen.

WEIDE *(Salix)*. Die Weide enthält Salicin, dessen schmerzstillende Eigenschaften jenen des Aspirin ähnlich sind. In den letzten zweihundert Jahren war die Rinde ein verbreitetes Fiebermittel. Die Indianer verwendeten fast alle Teile des Baumes: Wurzel, Blätter, Rinde und Knospen. Die Wurzelrinde nahmen sie zum Blutstillen, einen Tee aus der Wurzel gegen Würmer, die innere Rinde zum Schwitzen und bei Fieber, einen Tee aus der äußeren Rinde bei Lumbago, und einen Absud aus den Blättern ebenfalls gegen Fieber.

Die weiße Weide *(S. alba)* wird als wertvolles Mittel bei Verdauungsstörungen, Skorbut, Ruhr und Tuberkulose angesehen und oft als Stärkungsmittel empfohlen. Sie wird auch verschrieben gegen Rheumatismus, Arthritis, gegen Schmerzen und als Antiseptikum. Mit Weidenpräparaten reinigt man Hautausschläge, Verbrennungen und Ekzeme. Dioskorides schrieb: „Die zu Asche verbrannte und in Essig getauchte Rinde entfernt Hühneraugen und andere Schwellungen an Füßen und Zehen."

Präparate aus der schwarzen amerikanischen Weide *(S. nigra)* wurden als Brechmittel benutzt. Ein Absud aus Wurzeln und Rinde wurde gegen Fieber und Blutarmut genommen. Den Weidentee trank man gegen Kopfschmerzen und bei Nasenbluten. Man hielt die schwarze Weide für ein sexuelles Beruhigungs-, aber auch Stärkungsmittel. Die Rinde beider Arten soll auch schleimlösend sein und innere Blutungen stillen. In den Appalachen macht man einen Tee aus verschiedenen Weidensorten, der Fieber radikal senkt. Von der USP (1882 bis 1926) und von der NF (1936 bis 1955) wurde die Weide als Adstringens geführt. Seit dem späten 19. Jahrhundert ersetzte man Weidenpräparate durch das synthetische schmerzstillende Aspirin.

Die rote Weide *(S. lucida)* wurde als Tee bei Erbrechen und bei zuviel Galle getrunken. Mit der abgeschabten Rinde behandelte man Asthma; eine mit Tee getränkte Kompresse oder ein aus den Blättern bereiteter Breiumschlag wurden bei Kopfschmerzen aufgelegt; mit der Rinde wurden auch offene Stellen behandelt. Die Zwergweide *(S. humilis)* half bei Koliken, Ruhr und Durchfall, Tee aus ihrer Wurzel wurde für Klistiere verwendet. Die Rinde der Sumpfweiden *(S. pedicellaris)* heilte offene Stelle und stillte Blutungen.

WERMUT *(Artemisia absinthium)*. Die Indianer benutzten Wermut zur Wurmkur. Die Blätter und Blüten der *A. frigida* wurden als Inhalationsmittel bei der Wiederbelebung von Bewußtlosen verwendet. Seit 1820 wird diese Gattung offiziell zur Erzeugung von Kampfer benutzt. *A. absinthium* hilft bei Verdauungsstörungen und wird noch heute als verläßliches Mittel geschätzt gegen Würmer, chronischen Durchfall, Leukorrhöe, Gallen- und Leberbeschwerden, Gelbsucht und Fieber. Diese Wermutart stärkt auch Herz und Kreislauf. Eine mit heißem Wermuttee getränkte Kompresse ist ein ausgezeichnetes Mittel zur Behandlung von Blutergüssen, Verstauchungen und Entzündungen der Haut. Das Öl ist oft Bestandteil der Einreibungsmittel, die man gegen Rheumatismus und Neuralgien anwendet. Wermut ist ein Betäubungsmittel; sein Öl ist in Absinth enthalten, dessen Genuß zu Süchtigkeit führen und bei übermäßigem Konsum Geistesstörungen verursachen kann.

Die Geschichte dieses Zweiges der Wissenschaft ist so alt wie die Menschheit. Das Wissen der Medizinmänner und Wudu-Priester, das nie schriftlich niedergelegt wurde, vererbte sich auf ihre Nachkommen und festigte sich mit der Zeit. Soweit man denken kann, waren Pflanzen bei den Heilkundigen aller Länder und Zivilisationen wissenschaftlich hoch angesehen. Die Archäologie hat umfangreiche und eindrucksvolle Arzneimittellehren und -sammlungen ans Licht gebracht, die in der Antike bei Ärzten und Zauberern in Gebrauch waren. Als man diese alten Arzneimittellehren untersuchte, zeigte sich, daß natürliche Heilmittel, richtig angewandt, so wirksam sind, daß selbst der moderne Ungläubige nur staunen kann.

In ihrem Buch *Green Medicine* sagt Mary B. Kreig: „Die neueste Forschung entdeckt in allem Gemüse und Obst heilkräftige Eigenschaften; vom Salat, der in der Antike als Beruhigungsmittel benutzt wurde, bis zu Äpfeln und Zwiebeln. Ein kleiner Ausschnitt, der den Umfang dieser Untersuchungen illustriert, zeigt: ein Präparat aus der Narzisse könnte bei der Behandlung von Myasthenia gravis (Muskelschwäche) und bei multipler Sklerose wirksam sein; ein neuroaktiver Wirkstoff der perennierenden Gartenwicke wird derzeit im Tierversuch erprobt; ein Frauenschuhextrakt wirkt bei hohem Blutdruck; ein Medikament aus Schneeglöckchen bringt Glaukoma-Patienten, die auf andere Medikamente nicht ansprechen, Erleichterung. Butterblumensaft verhindert das Wachstum von Strepto-, Staphilo- und Pneumokokken, und der Saft der Zitteranemone hat ähnliche bakterizide Eigenschaften. Forschungen in den USA, in England und in anderen Ländern haben bewiesen, daß zahlreiche Pflanzen antibiotische Wirkstoffe besitzen; man könnte noch viele Seiten mit ihren Namen füllen. Nicht nur aus seltenen Dschungelgewächsen wird man möglicherweise neue Medikamente entwickeln, sondern auch aus den gewöhnlichen Wiesen- und Gartenblumen und Gemüsepflanzen. Vielleicht wächst der Grundstoff für die Wunderheilmittel von morgen in unseren Blumenkistchen."

Medizin und Pharmakologie machen ungeheure Fortschritte – doch der religiös-magische Ursprung dieser Wissenschaft ist schon in ihrem Sinnbild zu erkennen: dem Stab, um den sich zwei Schlangen winden, das heilige Zeichen des Äskulaps oder Asklepios, des griechischen Gottes der Heilkunst, der seit dem 5. Jahrhundert v. Chr. besonders verehrt wurde. Schlangen waren den Griechen damals allgemein heilig; sie symbolisierten Unsterblichkeit, weil sie ihre Haut abstreiften und sich erneuerten.

Die Wörter Panazee (Allheilmittel) und Hygiene sind von den Namen der zwei Töchter Äskulaps abgeleitet: Hygieia, Göttin der Gesundheit, und Panakeia, Göttin der Medizin. In der Ilias preist Homer die Ärzte Machaon und Podalirios wegen ihrer Geschicklichkeit.

Die Arzneimittellehre der Schüler Äskulaps empfahl zur internen Anwendung ausschließlich pflanzliche Mittel. Hippokrates war der erste, der die Notwendigkeit einer Diät während schwerer Erkrankungen erkannte. Er benutzte sowohl für die interne wie die äußerliche Behandlung nur pflanzliche Heilmittel. Der Arzt Galenus aus Alexandria war ein weiterer Meister der Kräutermedizin. Die Araber studierten seine Werke ebenso wie die des Hippokrates' für ihre „Astralphysik", die auf „Prinzipien, so unüberwindlich und ewig wie Gott und die Natur" aufgebaut war. Die Arzneimittellehre des Pedanus Dioskorides, des Arztes von Antonius und der Kleopatra, war zweifellos das wichtigste Nachschlagewerk der Antike und des Mittelalters auf dem Gebiet der Kräutermedizin und wird heute noch von vielen als Hauptquelle betrachtet.

Die Babylonier studierten die menschliche Anatomie und wußten um die Heilkraft von Pflanzen, wie vor ihnen die Chaldäer und noch früher die Sumerer. Wie wir wissen, hatten die Ägypter, die ihre Toten einbalsamierten, große Kenntnisse der Anatomie. Von den vielen medizinischen Aufzeichnungen der Ägypter, die gefunden wurden, wird der berühmte *Papyrus Ebers* als das älteste Dokument der medizinischen Literatur angesehen. Er stammt aus dem Jahr 1550 v. Chr. und beschreibt die verschiedenen Krankheiten, an denen die Menschen damals litten. Manche der damals verschriebenen Kräuter sind heute noch gebräuchlich.

Beobachtungen, wie die, die der erste chinesische Kräuterspezialist, Kaiser Shen Nung, 2737 vor Christus aufzeichnete, stimmten mit der Lehre von den Signaturen überein. Sie wurden zwischen 206 v. Chr. und 220 n. Chr. publiziert. Der Kaiser führte dreihundertfünfundsechzig botanische Heilmittel an, die zu seiner Zeit in Gebrauch waren. Im 16. und 17. Jahrhundert war die Lehre von den Signaturen bereits anerkannt und wurde in den meisten medizinischen Werken erwähnt. In dieser oder jener Form war sie auf der ganzen Welt verbreitet.

Die Indianer von Nord- bis Südamerika glaubten – wie die Chinesen, die die Lehre begründet hatten –, daß Ähnliches auch Ähnliches heile. Die Indianer waren gewissermaßen die praktischen Ärzte der Wälder und Ebenen der Neuen Welt und trugen in hohem Ausmaß zur Erstellung der United States Pharmacopeia (USP) und der National Formulary (NF) bei. Im Laufe der Zeit wurden über zweihundert ihrer Heilmittel in diese Listen aufgenommen, und viele hundert weitere waren den medizinischen Behörden bekannt.

Einer der ersten Kräuterkenner, dessen Wissen von den Indianern stammte, war Samuel Thomson, geboren 1769 in Alstead, New Hampshire. Als Vierjähriger wußte er bereits mehr über die Heilpflanzen als so mancher Bauer in der Nachbarschaft. Schon bald sprach er den Wunsch aus, Arzt zu werden, aber er wußte auch, wie unmöglich das war. Die Farm seines Vaters konnte kaum das Vieh ordentlich ernähren. Dieser Bauernjunge jedoch war als Autodidakt so tüchtig, daß er einer der führenden Organisatoren botanischer Gesellschaften und schließlich von medizinischen Fakultäten anerkannt wurde.

Schon in ganz jungen Jahren betrachteten ihn die Leute als Kräuterdoktor, und seine Heilerfolge sprachen sich schnell herum. Er verwendete für fast alle Leiden Lobelia und Capsicum (Ziegenpfeffer). Andere Pflanzen, auf die er sich verließ, waren Lorbeeren, Kanadische Orange (Gelbwurz), Wasserlilie, Fichte, Sumpfrosmarin und Färberbaum.

Als Erwachsener war er überzeugt, daß Gott ihm die Gabe geschenkt hatte, durch die Natur heilen zu können.

Es stellte sich heraus, daß gerade sein Mangel an Schulwissen das Mißtrauen mancher Amerikaner, die ihre Angehörigen unter den Händen der Schulmediziner – etwa beim Aderlaß – hatten sterben sehen, zu beseitigen vermochte. Man nannte die Zeit zwischen 1780 und 1860 das heroische Zeitalter der Medizin: Aderlaß, Kalomel und andere nicht ungefährliche mineralische Medikamente in hohen Dosen und starke Abführ- und Brechmittel gehörten zur üblichen Behandlung. Thomsons Mittel jedoch waren harmlos, und manche seiner Kräuter waren tatsächlich heilkräftig. Die Rinde des Färberbaumes etwa enthält den schmerzstillenden Wirkstoff, der auch für Aspirin verwendet wird.

Thomson wurde jahrelang verfolgt und auch eingesperrt. Seine Kenntnisse der Pflanzen und Kräuter führten aber schließlich zum Niedergang der Allopathie. Seine Arzneimittellehre wandte, wie erwähnt, ausschließlich ungefährliche Kräuter an und war erfolgreich, wo allopathische Behandlungsmethoden versagten. Als sie schließlich patentiert waren, bildeten die Thomsonschen Heilmittel die Standardapotheke des amerikanischen Haushaltes. Thomson starb 1843, im selben Jahr wie sein deutscher Zeitgenosse Samuel Hahnemann, der Begründer eines völlig neuartigen medizinischen Systems, der Homöopathie. Die Grundlage der Homöopathie jedoch war bereits bekannt: Similia similibus curantur (Laßt Ähnliches von Ähnlichem heilen).

Im 19. und frühen 20. Jahrhundert waren 80 Prozent der Heilmittel botanischen Ursprungs. Langsam jedoch ersetzte die Chemie die pflanzlichen Medikamente; es begann das Zeitalter des Allheilmittels aus der Retorte.

Nach dem Zweiten Weltkrieg waren viele Stoffe, die importiert werden mußten, nicht zu haben und man war wieder auf die natürlichen Rohstoffe aus der eigenen Umgebung angewiesen: die Botanik hatte wieder Hochkonjunktur. Außerdem hatte sich inzwischen gezeigt, daß die synthetischen Mittel unwirksam waren gegen Geißeln wie Arthritis, Asthma, Herzkrankheiten, Geisteskrankheiten und den gefürchteten Krebs. In der letzten Zeit waren fünfundsechzig Prozent aller Medikamente Pflanzenderivate, und es wurden Heilpflanzen im Werte von 300,000.000 Dollar verkauft!

Die Kräuterkenner der Antike glaubten, es gäbe für jede bekannte Krankheit auch ein Kraut, das sie heilt. Nun, da wir uns vom Synthetik-Syndrom zu erholen beginnen, werden wir vielleicht erkennen, daß auch die biblischen Propheten recht hatten. In Ezechiel 47,12 steht zu lesen: „Und an demselben Strom, am Ufer auf beiden Seiten, werden allerlei fruchtbare Bäume wachsen, und ihre Blätter werden nicht verwelken noch ihre Früchte ausgehen; und sie werden alle Monate neue Früchte bringen, denn ihr Wasser fließt aus dem Heiligtum. Ihre Frucht wird zur Speise dienen und ihre Blätter zur Arznei." Und in der Offenbarung des Johannes, 22,2, heißt es: „.. und die Blätter des Holzes dienten zu der Gesundheit der Heiden."

12

Gestern wurde morgen

Es kann kaum daran gezweifelt werden, daß Pflanzen die beste Freunde des Menschen sind. Er profitiert tausendfach von ihr. Aber noch wichtiger als dieser Umstand sollte dem Menschen die Erkenntnis sein, daß es eine Beziehung gibt zwischen Pflanze, Mensch und Tier.

Rußland hat im Bereich der Pflanzenwelt Entdeckungen gemacht, durch die es Amerika auf diesem Gebiet weit voraus ist. Von der Regierung mit der enormen Summe von umgerechnet zwanzig Millionen Dollar jährlich unterstützt, beschäftigen sich die besten Wissenschaftler in unglaublich gut ausgestatteten Laboratorien mit der parapsychologischen Forschung. Zu ihrer Ausrüstung gehören Computer, Laserstrahlen, Maschinen zur Aufzeichnung der Gehirnströme, Holographiegeräte für dreidimensionale Aufnahmen, piezoelektrische Geräte, die den Puls messen oder die Auren aufzeichnen, die besonders während Psychokinese-Experimenten vom Körper ausstrahlen.

Der früher erwähnte Professor Douglas Dean war einer der ersten westlichen Wissenschaftler, der persönlich Zeuge vieler erstaunlicher Pflanzenexperimente der Sowjets wurde. Er ist sicher, daß die Russen als erste

ESP im Alltag einsetzen werden. Im Bereich von PK und Telepathie sind sie den Amerikanern so weit voraus, daß diese sie vielleicht niemals einholen werden.

Hier soll nur von einigen wenigen ihrer Experimente berichtet werden. Sowjetische Wissenschaftler entdeckten zum Beispiel, daß Pflanzen viele Stunden vor einem heftigen Regen in ihren Stengeln und Blättern ungewöhnliche Aktivität entfalten. Offensichtlich wissen oder fühlen sie, daß es Regen geben wird. Die russische Forschung versucht nun, dieses erstaunliche Phänomen für die Wettervorhersage auszunützen.

Sowjetische Wissenschaftler, speziell Dr. Viktor Puschkin, ein führender Psychologe, haben ferner wiederholt nachgewiesen, daß Pflanzen Gemütsbewegungen zeigen. In einem Interview mit der Zeitung *Sozialistische Industrie* sagte Dr. Puschkin: „Wir haben in unseren Experimenten die Hypnose benutzt, um menschliche Gefühle ein- und auszuschalten, und wir erhielten eindeutig positive Ergebnisse, was die emotionelle Anteilnahme der Pflanze betrifft. Die Hand einer unter Hypnose stehenden Versuchsperson und ein Blatt einer etwas entfernt aufgestellten Pflanze wurden an einen Encephalographen angeschlossen. Dann sagte man der Versuchsperson angenehme oder unangenehme Dinge, die Emotionen wie Freude oder Traurigkeit auslösen. Der Encephalograph zeichnete die Gemütsbewegungen von Pflanze und Versuchsperson auf. Sooft die Person reagierte, zeigte auch die Pflanze eine ähnliche emotionelle Reaktion. War die Versuchsperson froh, richtete die Pflanze ihre Blätter auf und bewegte die Blütenblätter. Als man der Versuchsperson einredete, ihr sei kalt, begann sie zu zittern; die Blätter der Pflanze zitterten ebenfalls. Reagierte die Versuchsperson traurig, dann ließ die Pflanze die Blätter hängen."

Am Institut für Futtermittelforschung hat man festgestellt, daß Pflanzen nicht nur ESP und die Fähigkeit besitzen, sich mit anderen Lebensformen zu verständigen, sondern auch mit ausgesprochener Vorliebe oder Abneigung auf Musik reagieren und sich an liebevoller Fürsorge freuen. Sie sind sich auch ihrer Familien und Arten bewußt und können unterernährten „Verwandten" heilende Energie senden.

In einem verschlossenen Glasbehälter wurde eine Wüste simuliert und darin eine Kornähre gepflanzt. Sie erhielt kein Wasser, und es konnte keine Feuchtigkeit in das Glas eindringen. Außerhalb des Behälters pflanzten die Wissenschaftler sechs weitere Ähren, die normal versorgt wurden. Die eingeschlossene Ähre wuchs genauso wie ihre Nachbarn, was die Forscher davon überzeugte, daß Pflanzen einander auf irgendeine uns nicht bekannte Weise helfen können.

Seit Jahrhunderten versetzen Pflanzen die Wissenschaft in Erstaunen, weil sie eine rätselhafte Energie zu besitzen scheinen, die es ihnen ermöglicht, Signale zu unterscheiden und zu empfangen. So erfassen sie die Gefühle und Gedanken ihres Besitzers und sorgen sich, wenn er in Gefahr ist; reagieren auf Gedanken und Gebete, die ihr Wachstum fördern oder hintanhalten sollen; werden ohnmächtig, wenn Gewalt sie bedroht; schreien vor Schmerz, wenn man sie schneidet oder sticht; stimmen in den Herzrhythmus von Menschen ein, und sympathisieren mit jeder Form von Leben um sie herum. Die Apparate und Methoden der Wissenschaft des zwanzigsten Jahrhunderts haben es ermöglicht, diese Energie endlich zu identifizieren und zu bestätigen. Und worum handelt es sich? Um universales Bewußtsein!

Man nimmt an, diese Energie, Kraft oder okkulte Fähigkeit sei elektromagnetischer Art oder resultiere aus einer elektrischen Aktivität. Das russische Ehepaar Kirlian hat eine Technik der Strahlenfotografie entwickelt, die uns diese bisher unbekannte Energie sichtbar macht. Sie scheint jedem lebenden Organismus innezuwohnen, wobei sie bei jedem einzelnen höchst individuelle Erscheinungsformen aufweist. Durch diese Techniken wird bei lebenden Organismen und anorganischen Gegenständen wie Münzen eine farbige leuchtende und flackernde Aura sichtbar. Fotografien von Blättern, Tieren und menschlichen Körperteilen zeigen deutlich ein faszinierendes Netz elektrischer Funken. Die Russen nennen das Phänomen „bioplasmische Energie". Das Bioplasma, das als Aura um Münzen sichtbar wird, bleibt konstant und unbeweglich, solange der fotografische Prozeß nicht verändert wird. Bei Pflanzen, Menschen, Tieren ist das anders: so hat zum Beispiel jede Blattart ihr eigenes inneres Muster pulsierender Funken, und die Aura, die das Blatt umgibt, zeigt eine spezielle Zeichnung.

Die bedeutendste Entdeckung auf dem Gebiet der Pflanzen, welche den Sowjets mit der Kirlian-Fotografie gelang, ist aufsehenerregend: Wenn ein Teil eines Blattes abgeschnitten wird, zeigt die Fotografie auch die Aura des fehlenden Stückes. Der Phantomkörper wird von der Bioplasma-Energie gebildet, die vollständig geblieben ist, obwohl ein Teil ihres physischen Gegenstückes fehlt. Wenn mehr als ein Drittel des Blattes abgeschnitten wird, verschwindet der Energiekörper, und das Blatt stirbt. Bei Amputationen an Menschen und Tieren zeigt sich das gleiche Phänomen: der Energiekörper bleibt, und wenn er verschwindet, tritt der Tod ein.

Den Autorinnen von *Psychic Discoveries Behind the Iron Curtain,* Sheila Ostrander und Lynn Schroeder, sagte man in Rußland über das eigenartige immaterielle Duplikat, es sei „eine Art elementarer, plasmaähnlicher Konstellation aus ionisierten Elektronen, Protonen und möglicherweise weiteren Teilchen". Es handelt sich aber nicht nur um eine Ansammlung strahlender Teilchen, sondern um eine vollständige, zusammenhängende Wiedergabe des physischen Gegenstückes, um einen eigenen Organismus! Dieses körperlose Double unterscheidet sich in seinem Energiemuster völlig von dem des physischen Körpers. Es „... besitzt eigene elektromagnetische Felder und ist Grundlage biologischer Felder". Es ist auch polarisiert, und die Form, die es annimmt, bestimmt das Energiemuster, das es an sein physisches Gegenstück weitergibt.

Die zufällige Vorführung eines Hochfrequenzgerätes für die Elektrotherapie, deren Zeuge Kirlian wurde, regte ihn zur Entwicklung seiner Technik an. Semjon Kirlian, der beste Elektrotechniker seiner Heimatstadt Krasnodar und begeisterter Fotograf, wurde 1939 in ein Forschungsinstitut gebeten, um reparaturbedürftige Geräte abzuholen. Er sah dort zu, wie ein Patient Elektrotherapie erhielt, und bemerkte einen winzigen Blitz zwischen der Glaselektrode und der behandelten Hautpartie. Sein fotografisches Interesse erwachte sofort: dieses Licht mußte man aufnehmen können, indem man eine Fotoplatte aus Metall – nicht aus Glas – zwischen Haut und Elektrode schiebt.

Obwohl er wußte, daß er sich verbrennen würde, wagte er den Versuch. Er schob die Hand unter Platte und Elektrode und schaltete ein. Der Schmerz und die Brandwunde waren beachtlich, aber das entwickelte Bild zeigte einen eigenartigen leuchtenden Abdruck seiner Finger. Später erfuhr er, daß zwei tschechische Wissenschaftler, die mit Pflanzenblättern experimentierten, dieses Phänomen studiert und fotografiert hatten. Ihre Studie erschien im selben Jahr im *Journal of Biological Photography*. Ihre Ergebnisse erregten jedoch kein Interesse bei den Wissenschaftlern und wären vergessen worden, wäre Kirlian nicht gewesen. Er versuchte jede nur mögliche Fototechnik, aber nichts funktionierte. Mit Hilfe seiner Frau Valentina gelang es ihm schließlich, auf den Film zu bannen, was er bei dem Experiment mit der eigenen Hand erlebt hatte. Nach zehn Jahren, in denen sie vierzehn Patente erwarben, konnten die Kirlians endlich ihre Ergebnisse vorstellen.

Die Energiequelle ihres Apparates war damals eine elektrische Tesla-Spule, die mit zwei Metallplatten verbunden war. Der zu fotografierende Gegenstand (Finger, Blatt, Leder, Metall) wurde zusammen mit einem Film zwischen zwei Platten geschoben. Wenn man einschaltete, baute der mit der Vorrichtung verbundene Generator ein Hochfrequenzfeld auf, durch das, ohne Zuhilfenahme einer Kamera, auf dem Film eine grelle farbige Energie aufgezeichnet wurde. Das Hochfrequenzfeld wurde bei jeder Art belebter und unbelebter Materie sichtbar. Seither wurden zahlreiche Änderungen an den Apparaturen vorgenommen. Heute werden andere Energiequellen benutzt, um verschiedene Frequenzen studieren zu können.

Die Tesla-Spule, ein Hochfrequenz-Resonanztransformator, ist eine Erfindung des genialen Amerikaners Nicola Tesla (1856–1943), der unter anderem Wechselstrommotoren baute. 1956 feierten wissenschaftliche Institutionen in der ganzen Welt seinen hundertsten Geburtstag, und die Einheit der magnetischen Induktion im MKS-System wurde ihm zu Ehren „Tesla" benannt. Laut John H. O'Neill's Biographie *Prodigal Genius* wurde Tesla in späteren Jahren paranoid und eigenbrötlerisch. Seine einzige Zuneigung galt den New Yorker Tauben, die er täglich fütterte. Er hatte panische Angst vor runden Gegenständen und gab niemandem die Hand, aus Furcht vor „Ansteckung". Seine „verrückten" Erfindungen, wie etwa das Fotografieren von *Gedanken* auf der Netzhaut, werden aber vielleicht eines Tages genauso Wirklichkeit wie die Fotografie, die er Ende des vorigen Jahrhunderts mit Hilfe der Tesla-Spule machte: es sind darauf Feuerblitze zu sehen, die aus seinem ganzen Körper schießen.

Die Entdeckung des Bioplasma-Körpers ist nicht neu. Praktiker der Radioästhesie, deren Geschichte siebentausend Jahre zurückreicht, sagen, daß alles, ob materiell oder immateriell, überall individuelle Strahlen oder eine Strahlung aussendet. Diese Strahlen sind mit unseren normalen Sinnen nicht wahrnehmbar, aber es gibt Wechselwirkungen zwischen ihnen, und mit einem Pendel oder einer Wünschelrute kann man sie orten.

Die Radioästhesie ist ein weiteres ernsthaftes Unternehmen der sowjetischen Wissenschaft. Man nennt sie BPE (Biophysical Effects Method), um ihren mystischen Ursprung zu verschleiern und sie als wissenschaftliches Fachgebiet zu rehabilitieren. Die „Wasserhexen" beziehungsweise Wünschelrutengänger von einst, die mit dem gegabelten Zweig unterirdische Quellen und Eisenvorkommen aufspüren oder einen Mörder ausfindig machen konnten, werden heute Operators genannt. Viele europäische Ärzte wenden seit langem Radioästhesie an, und die Methode wird nach wie vor praktiziert. Ein Pendel, das über dem Körper des Patienten gehalten wird, soll durch die Art seiner Schwingungen die erkrankten Stellen bezeichnen. Einer der bedeutenden modernen Pioniere der Radioästhesie (besonders im Gebrauch von Instrumenten zur Messung menschlicher Strahlung) war Dr. Albert Abrams (1863–1924), Leiter der medizinischen Fakultät der Stanford University. Er gehörte ganz bestimmt nicht zu den Leuten, die sich esoterischen Spekulationen hingeben.

Dr. Abrams entdeckte elektromagnetische Wellen, die der menschliche Körper ausstrahlt, als er durch Perkutieren Wirbelsäulenreflexe studierte. Zufällig fand er, daß bei allen Tuberkulosepatienten an gewissen Stellen am Rücken ein dumpfer Ton zu hören war, und zwar bei allen Tuberkulosefällen, unabhängig davon, ob es an der betreffenden Stelle tuberkulöse Schädigungen gab oder nicht. Der Ton war jedoch nur zu hören, wenn der Patient nach Osten oder Westen gerichtet war, ein Umstand, den Dr. Abrams auf die Existenz einer Beziehung zwischen dem Magnetfeld der Erde und das der

Person zurückführte. Er erfand viele Geräte zur Diagno-
stizierung – eines der letzten und finanziell erfolgreichsten war der Oszilloklast. Wenn der Apparat auf die
Schwingungen des erkrankten Menschen eingestellt war,
sandte er richtige Radiowellen aus, die die Heilung
bewirkten. Dr. Abrams wurde für einen der ärgsten
Quacksalber angesehen, wenn er auch von so bekannten
Autoren wie Upton Sinclair gepriesen wurde, der von
ihm schrieb: „Die Leute sagten, Albert Abrams sei
wahnsinnig gewesen; aber ich prophezeie: wenn die
Zukunft so weit sein wird, den Haken zu folgen, die sein
Geist schlug, dann wird sie sehen, daß Abrams für jeden
einzelnen dieser Haken einen Grund hatte."

Es gab buchstäblich Hunderte elektrische Geräte, die
von als Quacksalber verschrienen Strahlungstherapeuten
entwickelt worden waren, mit denen diese etwa Radio-
fotografien herstellten, die anatomischen Strukturen ähnliche Muster zeigten, und nach Meinung der Wissenschaft „... Artefakte und ohne jeden klinischen Wert"
waren.

In den sechziger Jahren wurde die Kirlian-Fotografie
international bekannt. Dr. Thelma Moss und Dr. Ken
Johnson, die die Sowjetunion besuchten („Radiaton Field
Photography", *Psychic Magazine*, III, Juli 1977), berichteten,
daß diese Methoden von einigen Wissenschaftlern wiederholt angegriffen wurden, die beharren, die Bilder
wären „... nichts als elektrische Artefakte oder Korona-
entladungen, die dadurch entstehen, daß elektrischer
Strom durch die fotografierten Objekte geleitet wird.
Was zu sehen ist, hat daher nicht mit einem ‚Astralkör-
per‘, einer ‚Aura‘ oder irgendeiner sonstigen übernatürli-

chen Erscheinung zu tun". Es könnte sich höchstens um eine „..kalte Emission von Elektronen" handeln. Diese Ansicht vertrit der brillante russische Physiker Viktor Adamenko, der ein Gerät zur Ortung der Akupunkturpunkte, genannt Tobioskop, entwickelt hat.

Wie aber wollen die Ungläubigen die physischen, geistigen und emotionellen Komponenten begründen, die in jedem Energiemuster festgehalten sind? Wieso ändert sich das Energiemuster wenige Sekunden, nachdem die Versuchsperson Alkohol getrunken hat? Eine Erkrankung änderte oft den Bioplasma-Körper eines Blattes, bevor noch Krankheitssymptome vorhanden waren, wodurch die Krankheit noch vor ihrem Ausbruch diagnostiziert werden konnte. Das gleiche läßt sich bei Tieren und Menschen feststellen.

Dr. Moss und andere amerikanische Parapsychologen erhielten keine Erlaubnis, die Laboratorien zu besuchen oder die Kirlian-Geräte zu besichtigen, aber sie bekamen schematische Zeichnungen dieser Apparate und eine Anleitung für das fotografische Verfahren. Mit Ungeduld gingen Dr. Moss und Dr. Johnson daran, die Kirlianfotografie in ihren Laboratorien zu wiederholen.

Beim Bau der Geräte wurden einige Elektronikexperten konsultiert. Aber es hieß, die Zeichnungen wären „..ungenügend, unausführbar und sogar unsinnig". Dank Dr. Johnsons Hartnäckigkeit wurde schließlich ein Gerät gebaut, das dem Kirlianschen Apparat kaum ähnlich war. Trotzdem waren die Ergebnisse ähnlich. Jede Blattart weist ihr individuelles Muster auf, das sich von jenen anderer unterscheidet. Die Farben der Muster gaben ein weiteres Rätsel auf: sie sind vorwiegend rot, weiß und blau – dazu kommen noch die normalen Mischfarben aus diesen Farben –, und manchmal gelb und orange. Nur eine einzige Aufnahme wies eine gründliche Färbung auf. Dr. Moss und Dr. Johnson wissen nicht, warum. Amerikanische Münzen zeigten ebenfalls die drei amerikanischen Farben – die Fingerspitzen von Amerikanern desgleichen. Interessanterweise überwogen Blau und Weiß im Strahlenkranz; er färbte sich aber rot, wenn die Person nervös oder ängstlich wurde. Eine Anzahl von Vergleichsversuchen wurde angestellt, die die russischen Ergebnisse bestätigten (vor allem die Veränderung, die bei Alkoholkonsum eintritt).

Einige Vorstudien mit drei Heilern hatten jedoch Resultate gebracht, die den russischen entgegengesetzt waren. 1967 berichteten die Sowjets, daß das Licht, das von der Hand eines Heilers ausstrahlt, während der Behandlung abnimmt, wobei sich ein schmaler Lichtstreifen von intensiver Helligkeit, ähnlich einem Laserstrahl, herausbildet. Dr. Moss und ihr Team stellten bloß fest, daß der Lichtkranz an der Hand eines Heilers während der Behandlung kleiner war, und größer, wenn er nicht agierte. Das würde darauf hindeuten, daß die Energie des Heilers in den Körper des Patienten übertritt, dessen Aura vor der Behandlung kleiner schien als nachher.

Die Phantomkörperfotografien konnten die amerikanischen Forscher nicht wiederholen. Sie meinen aber, daß die russische Darstellung dadurch nicht an Gültigkeit verliere, da ihre eigenen Apparate ja ganz anders seien als die sowjetischen und mit niedriger Frequenz arbeiteten. Hingegen konnten sie eine drastische Veränderung des inneren Bioplasma-Körpers eines Blattes feststellen, besonders im Mittelast, nachdem der obere Teil des Blattes abgeschnitten worden war. Vor der Amputation erschien der Mittelast in reinem Schwarz, und das Blatt wies einige schwarze Flecken auf. Nachher aber füllte sich der Mittelast mit winzigen blauen Punkten, die wie Bläschen aussahen, und die Zahl der schwarzen Flecken hatte zugenommen. Dr. Moss meint, die Strahlungsfotografie am lebenden Objekt könnte der langgesuchte Schlüssel zu Erscheinungen wie Bilokation, Bewußtseinsveränderung, Hypnose und die Wirkung von Drogen sein.

Wer oder was bringt diese Bioplasma-Energie hervor? Und wodurch wird sie ständig erneuert? Die Antworten führen uns zurück zu den Lehren der antiken Kulturen. Der Atem!

Ostrander und Schroeder sagen, die Luft, die wir einatmen, verwandle eine Anzahl ihrer überflüssigen Elektronen und ein gewisses Quantum an Energie in den Energiekörper. Die Kirlian-Fotografie hat es möglich gemacht, diesen Vorgang regelrecht zu beobachten. Die Atmung lädt den Bioplasma-Körper auf, speist unsere Reserven an vitaler Energie und stabilisiert gestörte Energiemuster.

Die Maya, die Polynesier und die Bewohner von Hawaii nannten es „Mana", die Weltenergie, und sagten, das wäre die Seele. Der „Aka-Körper" beherberge das polarisierte Mana. Der Mensch nehme von dem Welt-Mana — der Kraft, die in und um das ganze Universum sei und es durchdringe, im Unermeßlichen ebenso vorhanden wie im mikroskopisch winzigsten Teilchen des

Atoms –, was er brauche. Es müsse Übereinstimmung herrschen zwischen dem Empfänger und dem Mana, mit dem er geladen sei, sonst würde es zu furchtbaren Störungen oder „Kurzschlüssen" im Körper kommen (wie etwa Krebs, der durchaus die Auswirkung einer Energiestörung sein könnte). Ein Mensch, der nicht ordentlich geschult sei im Gebrauch seines Mana, würde absichtlich oder unabsichtlich kosmisches Mana auslösen und damit entsetzliche Katastrophen wie Erdbeben oder Explosionen verursachen. Beim Tod verlasse das Mana den Menschen und nehme den Aka-Körper oder Energie-Zwilling mit. Diese Kraft wohne sowohl belebter wie unbelebter Materie inne. Der Mensch erhalte Mana durch jedes Organ – durch Augen, Ohren, Mund, durch alle seine Sinne, und gebe es an andere Dinge oder Wesen weiter. Er könne das Mana eines anderen Menschen in sich aufnehmen, indem er ihn äße.

Der Hindu beherrscht die Lebenskraft oder *Prana,* indem er seine Atmung reguliert. Prana, sagt er, ist sowohl der Atem als auch die universelle Dynamik des Kosmos – Prana ist Bewußtsein. Es vermittelt zwischen Geist und Materie; Prana, und nicht Bewegung, ist die grundlegende Energie des Kosmos. Die Hindus verstehen darunter eine Kraft, die von Purusha (dem geistigen Aspekt) kommt und auf die Materie einwirkt.

Der große Guru des *Kriya Yoga,* Paramahansa Yogananda, schrieb in seinem Buch: „Die verschiedenen Sinnesreize, auf die der Mensch reagiert, die Tasten, Sehen, Schmecken, Hören und Riechen auslösen, entstehen durch Vibrationsschwankungen der Elektronen und Protonen. Die Vibrationen wieder werden von Prana-

Vitatronen („lifetrons‘) reguliert – zarte Lebenskräfte oder Energien, feiner als die des Atoms, die mit den fünf verschiedenen Ideensubstanzen der Sinne geladen sind."

Interessanterweise meinen manche modernen Wissenschaftler heute, die Atomenergie wäre im wesentlichen Ideensubstanz. Vor mehr als 2800 Jahren war die Atomtheorie den Hindus bereits geläufig. Sie ist im *Vaisesika,* zu deutsch „Atom-Individualität", einem der sechs Systeme der indischen Philosophie, zu finden. Man wußte bereits, daß das Atom ein Miniatur-Sonnensystem ist, das sich in immerwährender vibrierender Bewegung befindet. Die Vaisesika-Auslegung reduziert die Zeit auf ihr kühnstes mathematisches Konzept, indem sie die unendlich kleinste Zeiteinheit als jene beschreibt, die ein Atom benötigt, um seinen eigenen Raum zu durchqueren. Wir finden bei den Hindus noch viele andere wissenschaftliche Erkenntnisse, wie das kinetische Wesen jeder Energie oder die Theorie der kosmischen Strahlung.

Die Idee, den Atem mit der Seele oder Lebenskraft gleichzusetzen, taucht in den Mythologien vieler weit voneinander entfernter Völker auf. In alten arabischen Erzählungen von der Unbefleckten Empfängnis ist die Rede von einer Taube, die zu Maria herabkam und sie mit dem Wort oder Atem inspirierte: und das Wort wurde Fleisch. Nach einer anderen Version war es der Atem des Erzengels Gabriel. In Genesis 2,7, heißt es: „Und Gott der Herr machte den Menschen aus einem Erdenkloß, und er blies ihm ein den lebendigen Odem in seine Nase. Und also ward der Mensch eine lebendige Seele." In Johannes 1,1–9 (Prolog) heißt es: „Im Anfang war das Wort, und das Wort war bei Gott und Gott war das Wort. Dieses war im Anfang bei Gott, alles ist durch es geworden, und ohne es ist nichts geworden. Was geworden ist – in ihm war das Leben, und das Leben war das Licht der Menschen. Und das Licht scheint in der Finsternis, und die Finsternis hat es nicht ergriffen. Ein Mensch trat auf, von Gott gesandt, sein Name war Johannes. Dieser kam zum Zeugnis, daß er Zeugnis ablege über das Licht, damit sie alle durch ihn glaubten. Er war nicht das Licht, sondern er sollte Zeugnis ablegen über das Licht. Das war das wahre Licht, das jeden Menschen erleuchtet; es kam in diese Welt."

Christus stellt das Wort (Atem oder Seele) dar und das Licht (universelle Energie oder Bewußtsein). Wie Buddha und andere große geistige Führer wußte er die Kraft des Lebens zu gebrauchen, die allem, was Gott geschaffen hat, gegeben wurde. „... und ohne Ihn ist nichts geworden, das geworden ist."

Die bekannte Neurologin Dr. Shafica Karagulla stellte in einem Interview mit *Psychic Magazine* (August 1973) fest, daß es „Oktaven" der fünf Sinne gebe, die höher lägen als die beschränkte physische Erfahrung. Sie glaubt, daß es sich dabei um logische physikalische Erscheinungen handelt, die auf Energiefeldern beruhen. Anhand Hunderter ausführlich dokumentierter Fallstudien weist sie nach, daß es im menschlichen Körper vier Kraftfelder gibt. Das Physische zeigt sich als bläulicher Schleier, der etliche Zentimeter über den Körper hinausragt; daran ließen sich Krankheiten vor ihrem Ausbruch erkennen und behandeln. Das emotionelle Feld vibriert in Farben, die sich je nach der Gemütslage der Versuchsperson während der Beobachtung ändern. So scheint zum Beispiel Rot bei Ärger zu entstehen. Dann gibt es ein geistiges Feld, das den geistigen Zustand der Person anzeigt und schließlich ein viertes Feld oder eine Dimension, die mit dem Rückgrat in Verbindung steht und sich im Nervensystem bewegt. Es ist das kausale Feld, das die anderen drei Felder in sich einschließt. Frau Dr. Karagulla erklärt das folgendermaßen: „Es ist ein computerähnliches Feld, das, wie die Gene, die – historisch gesehen – Endsumme dessen ist, was man ist und was man gewesen sein könnte. Und es ist – ebenfalls wie die Gene – das Muster des physischen Körpers, aber auch des emotionellen und geistigen Körpers. Diese Felder bestimmen die Art von Person, die man werden wird oder war."

Die Beweiskraft ihrer Studien hat sie davon überzeugt, daß der Mensch die Dinge durch seine eigene Energie erzeugt und formt. „Wenn der Mensch also gewalttätig wird, wird auch die Natur gewalttätig. Wir stimulieren unsere Umwelt, und jene, welche die Fähigkeiten besitzen wahrzunehmen, können sehen, können sehen, was kommt – es handelt sich um Präkognition."

Frau Dr. Karagulla meint, der Mensch sei viel großartiger, als wir je angenommen haben, und habe zahlreiche Intelligenzebenen. „Die Alten sagten zum Beispiel, Bewußtsein sei das Ergebnis einer Vereinigung von Geist und Materie, oder geformtes Leben. Es ist wie positive und negative Elektrizität, die den dritten Aspekt, das Licht, erzeugt. Bewußtsein wird oft als Licht bezeichnet. Wahrscheinlich ist die Dreieinigkeit – Vater, Mutter, Sohn – deshalb Bestandteil so vieler Religionen.

Der Sohn ist der dritte Aspekt der Vereinigung von Materie und Geist – eine Lehre, die mir vernünftig erscheint. Bewußtseinsebenen hängen daher von dem Ausmaß an Materie und Geist ab, die sich vereinigen. Ich bin zu der Annahme gekommen, daß jeder Himmelskörper sein eigenes Bewußtsein hat, ob Mond, Erde oder Sonne. Wenn wir in solchen Begriffen denken, werden wir beginnen, einige der Lehren zu verstehen, die uns die alten Hindus hinterlassen haben."

Die Hindus glaubten, daß Körper, Verstand und Geist von sieben kosmischen Hauptstrahlen erhalten und entwickelt würden. Diese Strahlen kämen über sieben entsprechende Energiezentren, *Chakras* (psychische Dynamos) genannt, in den Körper, und versorgten ihn mit der nötigen Lebensenergie *(Prana)*.

Die überaus große Datensammlung von Dr. Karagulla zeigt, daß das Kraftfeld im Grunde von den sieben wichtigsten wirbelnden Energiestrudeln aufgebaut wird, die mit den sieben Drüsen des Körpers in Verbindung stehen. In einem Artikel mit dem Titel „Colour Therapy" *Psychic Observer,* (Dezember 1972–Januar 1973) werden sie folgendermaßen aufgeschlüsselt:

Strahl	Charakteristik	Sitz	Chakra
1. Violett	geistig-seelisch	Hypophyse	7
2. Indigoblau	Intuition	Zirbeldrüse	6
3. Blau	religiöse Inspiration	Hals (Schilddrüse)	5
4. Grün	Harmonie und Sympathie	Herz	4
5. Gelb	Intellekt	Sonnengeflecht	3
6. Orange	Energie	Milzgegend	2
7. Rot	Leben	Wirbelsäulenbasis	1

Die ersten drei Strahlen – rot, orange und gelb – sind magnetisch und fließen aufwärts, von der Erde zum Sonnengeflecht. Grün, die Hauptfarbe pflanzlichen Lebens, deren Charakteristik Harmonie und Sympathie ist, schafft das „Gleichgewicht des Spektrums" und dringt horizontal in den Körper ein. Die letzten drei – blau, indigoblau und violett – sind elektrischer Natur und bewegen sich vom Kopf nach unten.

In *Color Meditations* schreibt S. G. J. Ouseley: „Die Wissenschaft von den Farben beruht auf der Tatsache, daß Materie und Licht grundsätzlich untrennbar sind, und daß feste Materie, auf ihre Essenz reduziert, zur Strahlung wird, die ident ist mit dem Licht." Ouseley behauptet auch, daß man geheilt und „wieder aufgeladen" werden könnte, wenn man die körperlichen Störungen orte, indem man sich auf die Farbe des entsprechenden Körperteils konzentriere und diese (Energie) in den Körper leite. „Visuelle Vorstellung ist der Schlüssel, Farbe der Zugang, während Symbol und Objekt in der Übertragung heilender Energie eins werden."

Es ist eine bekannte Tatsache, daß jede Form von Materie Strahlen aussendet. Auch Goethe war wie vielen anderen diese Strahlung bekannt, und er meinte, die Wissenschaft sollte die vom menschlichen Körper ausgehenden Vibrationen untersuchen. Mesmer nannte die Energie „tierischen Magnetismus". Baron Karl von Reichenbach, der Entdecker von Kreosot und vielen anderen chemischen Verbindungen, vertrat 1858 eine ähnliche Auffassung. Aufgrund seiner ausgedehnten Untersuchungen sammelte er eine Unzahl von Beweisen für die Existenz einer eigenartigen polarisierten Energie in der

Natur, die er Odische Kraft nannte. Er fand sie in [...] zen und allen lebenden Zellen, in Magneten, Krista[...] Licht und Hitze. Es schien eine lebensspendende Ener[...] gie zu sein, denn er entdeckte, daß manche Menschen sie zu Heilzwecken auf andere übertragen konnten. Menschen, die dafür empfänglich waren, vermochten diese Kraft nach einer zwei- bis dreistündigen Akklimationszeit im Dunkeln zu sehen und zu fühlen. Bei Magneten stellte er fest, daß der nördliche Pol einen blauen Schein und der südliche einen orangefarbenen aussende. Dasselbe Phänomen zeigte sich bei Kristallen und Tieren. Die rechte Seite des menschlichen Körpers zeigte den blauen Schein, die linke den orangen. Die Medien beschrieben auch grüne, rote, orangefarbene und violette Blitze, die sporadisch auftraten und sich mit winzigen grellen Funken vermischten. Die Farben sind mit denen der Kirlian-Fotografie identisch.

Aber erst eine Autorität wie Albert Einstein mußte kommen, um der Weisheit der sogenannten Primitiven wissenschaftliche Realität zu verleihen. Er bewies, daß leblose Materie eine ganze Welt von Kraftfeldern enthält. Wir wissen heute, daß jede Form von Leben schwächere Kraftfelder in sich einschließt, die ihrerseits wieder schwächere Kraftfelder in sich einschließen. Diese Energiefelder sind in einem ständigen Austausch begriffen und beeinflussen einander, unabhängig davon, welcher Art sie sind. Einstein hat der modernen Welt beigebracht, was dem Menschen seit Anbeginn seiner Existenz gesagt wird: Alles ist Eines.

Dr. Harold Saxton Burr erhärtet diese These in *Blueprint for Immortality*. Nach mehr als vierzigjähriger Beobachtungszeit stellte er fest, daß alles Leben – irdisches und himmlisches – seinen Bioplasma-Körper habe, den er „blueprint" (Blaupause) nennt.

Dank der Strahlungsfotografie, der Forschung von Dr. Karagulla und der Arbeit früherer und moderner Wissenschaftler sind wir heute imstande, die Wahrheit in den Worten „heidnischer" Hindus zu *sehen,* und beginnen nun vielleicht, die wahren Lehren der Bibel zu verstehen.

Die Entdeckungen, die in den Vereinigten Staaten und in der Sowjetunion gemacht wurden, lassen kaum Zweifel daran, daß Pflanzen mehr als Dinge, mehr als bloße „Lebewesen" sind. Sie sind die älteste Lebensform auf diesem Planeten und, wie wir jetzt wissen, besitzen Kräfte, von denen wir uns nicht haben träumen lassen. Ihr hoher Entwicklungsstand nach so vielen Tausenden Jahren sollte uns eigentlich nicht überraschen. Und vielleicht werden wir eines Tages entdecken, daß es nicht nur Verbindungen gibt zwischen Menschen, Tieren und Pflanzen, sondern auch, daß das Pflanzenreich das Bindeglied ist, durch das universelles Bewußtsein oder Energie dem menschlichen und tierischen Leben vermittelt wird und es durchdringt.

Bibliographische Angaben

Barry, Dr. Jean: „General Comparative Study of the Psychoki-
    netic Effect on a Fungus Culture", *Journal of Parapsychology,*
    32, 4, 1968

Bauer, W. W.: *Potions, Remedies & Old Wives' Tales,* 1969

Bolen, James G.: „Shafica Karagulla, MD", in *Psychic Magazine,*
    Aug. 1973

Bose, Sir J. C.: *Comparative Electro-Physiology,* London 1907
    Response in the Living and Non-Living, London 1922
    Plant Response, London 1906.

Bowra, C. M.: *Primitive Song,* 1962

Brier, Robert M.: „PK on a Bio-Electrical System", *Journal of
    Parapsychology,* 33, 3, Sept. 1969

Brother Mandus: *The Grain of a Mustard Seed,* London 1964

Brown, Beth: *E. S. P. with Plants and Animals,* 1971

Burbank, Luther: *The Training of the Human Plant,* New York
    1922

Burr, Harold S.: *Blueprint for Immortality,* London 1972

Claus, Edward P. & Varro, Tyler E.: *Pharmacognosy,* 1965

Cohen, Martin: „How the Heavens Influence Our Lives", in
    Today's Health, Okt. 1971

„Colour Therapy", in *Psychic Observer,* Dez. 1972/Jan. 1973

Crow, W. B.: *The Occult Properties of Herbs,* London 1969

Delawarr Laboratories: *Mind and Matter.* I, 1, 1957; II, 4, 1959;
    III, 1, 1959

Darland's Illustrated Medical Dictionary, 24. Aufl., 1965

Emboden, W. A.: *Narcotic Plants,* 1972

Frazer, Sir James: *The Golden Bough,* New York 1925

Gardner, Martin: *Fads & Fallacies,* 1957

Geddes, Patrick: *The Life and Work of Sir Jagadis C. Bose,* 1920

Gibbons, Euell: *Stalking the Healthful Herbs,* 1970

Goodavage, J. F.: *Astrology: The Space Age Science,* 1966

Grad, Bernard: „A Telekinetic Effect on Plant Growth", in *International Journal of Parapsychology,* V, 2, 193, und VI, 4, 1964

Heindel, Max: *Occult Principles of Health and Healing,* 1938

Hicks, Clifford B.: „Growing Corn to Music", in *Popular Mechanics,* Mai 1963

Homoeopathic Pharmacopoeia of the U.S., 6. rev. Aufl., 1941

Huebner, Louise: *Magical Candles, Enchanted Plants, and Powerful Gems,* 1972

   Never Strike a Happy Medium, 1970

Jacob, Dorothy: *A Witch's Guide to Gardening,* New York 1965
   Cures and Curses, New York 1965

Kaufman, Martin: *Homeopathy in America,* Baltimore 1971

Kerr, R. W.: *Herbalism Through the Ages,* 1969

Kloss, Jethro: *Back to Eden,* 1972

Kourenoff, P. M.: *Russian Remedies,* 1971

Krieg, Margaret B.: *Green Medicine,* 1964

Leyel, C. F.: *Culpeper's Herbal Remedies, Arranged for Use as a First Aid Herbal,* 1972
   Elixirs of Life, New York 1970

Loehr, Rev. Franklin: *The Power of Prayer on Plants,* 1969

Lucas, Richard: *Nature's Medicine,* 1968

Miller, Robert N.: „The Positive Effect of Prayer on Plants", in *Psychic Magazine,* Apr. 1972

Moss, Thelma & Johnson, Ken: „Radiation Field Photography", in *Psychic Magazine,* Juli 1972

Moss, Northcote, Lady Rosalind: *The Book of Herb Lore,* New York 1971

Ostrander, Sheila & Schroeder, Lynn: *Psychic Discoveries Behind The Iron Curtain,*1971

Ouseley, S. G. J.: *Colour Meditations,* London 1971

Palós, Stephen: *The Chinese Art of Healing,* 1972

Parker, Derek & Julia: *The Compleat Astrologer,* 1971

Pelton, Robert W.: *The Complete Book of Voodoo,* 1972

Rindges, Jean P.: „Are There Healing Hands?", in *Response,* 1968

Rose, Jeanne: *Herbs & Things,* 1972

Quelch, Mary Thorne: *Herbs for Daily Use* (o. D.)

Quinn, Vernon: *Roots,* New York 1936
   Seeds, New York 1938

Rhine, J. B. (Hrg.): *Progress in Parapsychology,* 1971

Rhine, Louisa E.: *Mind over Matter* (o. D.)

Thiselton-Dyer: *The Folklore of Plants,* London 1972

USDA Forest Service: *A Guide to Medicinal Plants of Appalachia,* Research Paper NE-138, 1969

Vasse, Dr. P.: „Influence de la pensée sur la croissance des plantes", in *Révue métapsychique,* Nouvelle série, 12, 1950

Vogel, Virgil J.: *American Indian Medicine,* 1970

Ward, Harold: *Herbal Manual,* London 1969

White, John W.: „Exobiology", in *Psychic Magazine,* April 1973

Whittle, Tyler: *The Plant Hunters,* 1970

Woodward, Marcus: „Plants, Polygraphs & Paraphysics", in *Psychic Magazine,* Nov./Dez. 1972
   Leaves from Gerard's Herbal, 1931

Yogananda, Paramahansa: *Autobiography of a Yogi,* 1959

Inhalt